AUGU[...]
20 REGRAS DE OURO PARA EDUCAR FILHOS E ALUNOS

COMO FORMAR MENTES BRILHANTES NA ERA DA ANSIEDADE

4ª Edição
10ª reimpressão

academia

Copyright © Augusto Cury, 2017
Copyright © Editora Planeta do Brasil, 2017, 2019
Todos os direitos reservados.

Preparação: Tiago Ferro
Revisão: Laura Folgueira e Thais Rimkus
Diagramação: Vivian Oliveira
Capa: Mateus Valadares

CIP-BRASIL. CATALOGAÇÃO NA PUBLICAÇÃO
SINDICATO NACIONAL DOS EDITORES DE LIVROS, RJ

C988r

Cury, Augusto, 1958-
 20 regras de ouro para educar filhos e alunos : como formar mentes brilhantes na era da ansiedade / Augusto Cury. – 4. ed. – São Paulo : Planeta, 2019.
 192 p.

 ISBN: 978-85-422-1741-4

 1. Educação. 2.Pais e filhos. 3. Técnicas de autoajuda. 4. Qualidade de vida. I. Título.

19-40731
CDD: 152.4
CDU: 159.942

Ao escolher este livro, você está apoiando o manejo responsável das florestas do mundo

Acreditamos nos livros

Este livro foi composto em Adobe Garamond Pro e Bliss Pro e impresso pela Gráfica Santa Marta para a Editora Planeta do Brasil em abril de 2022.

2022
Todos os direitos desta edição reservados à
EDITORA PLANETA DO BRASIL LTDA.
Rua Bela Cintra, 986 – 4º andar
01415-002 – Consolação – São Paulo-SP
www.planetadelivros.com.br
faleconosco@editoraplaneta.com.br

SUMÁRIO

INTRODUÇÃO. Humanidade ferida 5

CAPÍTULO 1. A educação está doente formando
jovens doentes! 11

CAPÍTULO 2. Escolas e famílias doentes formando
jovens doentes! 26

CAPÍTULO 3. As diferenças do Eu maduro e do Eu imaturo..... 41

CAPÍTULO 4. Limites são fundamentais..................... 55

CAPÍTULO 5. O educador é um pacificador da mente
de seus educandos 68

CAPÍTULO 6. Como educar filhos e alunos complexos,
hiperativos e ansiosos: a TTE................ 81

CAPÍTULO 7. Saúde física e mental: motivação, sono,
intoxicação digital, exercícios................ 93

CAPÍTULO 8. Saber que ninguém muda ninguém,
superar o ciúme e o medo da perda 113

CAPÍTULO 9. Não elevar o tom de voz nem criticar
excessivamente 121

CAPÍTULO 10. Conhecer a geração dos jovens e brilhar
em sala de aula e em casa 128

CAPÍTULO 11. Ter alergia a ser entediante (ser repetitivo e passar sermões), dialogar e desenvolver a autoestima.. 140

CAPÍTULO 12. Dar excesso de presentes gera mendigos
emocionais e a técnica DCD 150

CAPÍTULO 13. Sucessores ou herdeiros?
O que você está formando? 160

CAPÍTULO 14. Educação em baixa, psiquiatria em alta!
Pais surdos, filhos mudos! 172

Uma carta de amor inesquecível aos educadores............ 183
Referências bibliográficas................................. 186

INTRODUÇÃO

Humanidade ferida

O deserto emocional da construção da personalidade está cheio de pais e professores bem-intencionados. Eles sonham em formar mentes livres, mas não poucas vezes, sem que percebam, traumatizam filhos e alunos, formando mentes encarceradas; desejam que sejam líderes, mas usam técnicas erradas que asfixiam a segurança, a ousadia e a resiliência, formando jovens frágeis, conformistas e servos de seus próprios conflitos; almejam que sejam capazes de debater ideias, mas é frequente formar adolescentes tímidos e assombrados pelo medo do que os outros pensam e falam de si.

Não basta ser bons educadores, têm de ser educadores brilhantes e eficientes. Ter como meta gerar filhos que sejam generosos e inteligentes é fundamental, mas na práxis educacional é muito mais fácil formar jovens ansiosos, egocêntricos e espectadores passivos. Que tipo de criança e adolescente você está contribuindo para formar?

Educar é uma tarefa de extrema complexidade, que pode ser mais difícil do que dirigir uma empresa com milhares de funcionários ou uma nação com milhões de pessoas. Para termos uma ideia dessa complexidade, pense o próprio pensamento: ele tem natureza real ou é virtual? Quando você corrige seu filho ou aluno, você o entende a partir dele mesmo ou a partir de si mesmo? Quando um psiquiatra atende a um paciente que tem ataques de pânico, ele assimila a dor e o desespero do paciente ou entre ele e o paciente existe um espaço infinito, pois o entende virtualmente? Estudar a natureza, os tipos, o processo de construção e o gerenciamento dos pensamentos é estudar a última fronteira da ciência. As regras de ouro deste livro são baseadas nessa sofisticada área.

Aprenderemos que o pensamento consciente é de natureza virtual e, portanto, não consegue mudar o real, as matrizes da memória dos filhos e alunos que geram a expressividade das características de personalidade, como impulsividade, teimosia, alienação, e nem mesmo muda o estado emocional concreto do indivíduo, como fobia, angústia, humor depressivo. Por isso, estudaremos que uma das regras de ouro para formar mentes brilhantes é: ninguém muda ninguém; temos o poder de piorar os outros e não de mudá-los. E os pioramos com frequência ao levantar o tom de voz, criticar em excesso, comparar, pressionar. Não mudamos ninguém, mas podemos usar ferramentas de ouro para que eles mesmos se reciclem, reescrevam sua história e dirijam seu próprio *script*.

Sem usar técnicas inteligentes, os resultados na formação da personalidade podem ser desastrosos! Produziremos janelas Killer ou traumáticas em abundância nas crianças e nos jovens. Pais e professores, por favor, reflitam sobre este tema: se somos incapazes de mudar a essência dos outros, o que é educar, afinal? Educar não é modificar a mente dos educandos, mas levá-los a pensar antes de agir; não é adestrar o cérebro deles, mas levá-los a desenvolver consciência crítica; não é cobrar demais, mas conduzi-los a ter autonomia; não é superproteger, mas estimulá-los a trabalhar perdas e frustrações; não é dar broncas ou punir, mas levá-los a ter autocontrole e colocar-se no lugar dos outros.

O educador é um piloto da aeronave mental capaz de conduzir a si mesmo e aos filhos e alunos em suas mais importantes viagens. Quais? Para dentro deles mesmos, para o centro da mente humana. Bem-vindos às técnicas de ouro para pilotar a mente humana! Mas saiba: não há pilotos perfeitos.

Respeitando a cultura em que o indivíduo está inserido, as metas fundamentais da educação de qualquer povo deveriam ser: promover a capacidade de gestão da emoção dos jovens para que sejam minimamente autores de sua própria história, pacientes, proativos, ousados, estáveis, autônomos, altruístas, seguros, carismáticos, empáticos, capazes de aplaudir a vida e não reclamar de tudo e de todos. Mas onde se encontram jovens com esse tipo de personalidade capaz de liderar a sociedade e resolver os desafios da vida?

Essas metas previnem transtornos emocionais, homicídios, suicídios, guerras, corrupção, discriminação, violências contra crianças, mulheres e minorias, a pacificação de conflitos e a preservação do meio ambiente. Se essas metas não forem alcançadas, a sociedade adoecerá e a humanidade se tornará inviável. Nesse caso, o privilégio da espécie humana de ter um cérebro e um intelecto superevoluídos, em comparação com mais de 10 milhões de espécies, ao invés de nos dar uma tremenda vantagem, nos torna meninos com uma bomba nas mãos. Há uma bomba em nosso cérebro que destrói a saúde emocional e social. Ela precisa ser desarmada. Por exemplo, se os pais e professores não souberem gerir sua emoção nos focos de tensão, como ensinarão seus filhos e alunos a geri-la? Quase impossível! Se pais e professores têm alto índice de GEEI (Gasto de Energia Emocional Inútil), ou seja, se sofrem pelo futuro, se ruminam mágoas, se cobram demais de si e dos outros, se compram estímulos estressantes que não produziram, como ofensas, e pagam caro, como ensinarão os jovens a preservar e otimizar sua energia emocional? Estudaremos que, se os educadores são consumidores irresponsáveis de energia do seu planeta mente, terão grande chance de levar quem amam a ter também altíssimo índice GEEI!

O ser humano passa boa parte da vida dentro de uma escola, duas ou três décadas, da pré-escola à pós-graduação, mas sai como um péssimo piloto para controlar sua ansiedade, proteger suas emoções, usar lágrimas para irrigar a sabedoria e reciclar suas necessidades neuróticas, como a de ser o centro das atenções sociais e de estar sempre certo.

Vá a qualquer escola, mesmo as com mensalidade mais caras, e pergunte para os alunos se eles são inquietos, acordam fatigados, se entediam com facilidade na rotina diária, são tolerantes às frustrações, têm paciência quando o celular não liga, sabem "domesticar" seus fantasmas mentais, como medos, timidez, baixa autoestima. Você irá as lágrimas! Investigue também se esses sintomas fazem parte do seu cardápio mental.

A situação é tão grave que, por exemplo, nos Estados Unidos e em outros países, há muitos diretores de escolas espantados com o comportamento agitado e egocêntrico dos alunos, recomendando que os pais procurem psiquiatras ou neurologistas para prescreverem drogas da obediência que abrandem quimicamente a ansiedade dos alunos. Acreditam que os alunos são portadores da hiperatividade ou do transtorno de déficit de atenção. Não entendem, como estudaremos já no primeiro capítulo, que frequentemente não são alunos hiperativos, embora tenham sintomas parecidos, mas portadores da SPA (Síndrome do Pensamento Acelerado) e com GEEI (Gasto de Energia Emocional Inútil). Erram o diagnóstico por não conhecerem os bastidores da mente humana. A irritabilidade e a inquietação da juventude atual são provocadas em grande parte pelo sistema social doentio e pelo rapidíssimo universo digital que construímos, e não pela carga genética.

Violamos a mente de nossos filhos e alunos, levando-os a ter uma mente estressadíssima e com baixíssimo limiar para suportar frustrações, algo jamais visto na história da humanidade. E, para tentar aliviar o desastre emocional que causamos, prescrevemos drogas moderadoras da atividade cerebral. Erramos duplamente. Sou psiquiatra; medicamentos são importantes para casos específicos, mas não para este caso. Em minhas conferências para juízes, polícia federal, psicólogos, médicos, educadores, sempre comento fortemente que estamos assistindo a um trabalho escravo legalizado, crianças que têm excesso de atividades, têm tempo para tudo, mas não para ter infância, brincar, relaxar, elaborar experiências. Como formar mentes tranquilas, crianças que sejam líderes de sua própria mente? A tarefa é dificílima, mas vital!

Essa sociedade urgente, consumista, saturada de informações, que pouco induz à interiorização, onde a oferta de estímulos calmos foi abandonada, alterou assustadoramente o ritmo de construção dos pensamentos. É comum vermos escolas, empresas, famílias, inclusive igrejas ou instituições religiosas doentes, onde a maioria é estressada e tem sintomas psicossomáticos. Nunca os pais estiveram tão ansiosos e os filhos, tão inquietos. Jamais os professores estiveram tão fatigados e os alunos, tão agitados. Sem aprender a gestão da mente humana, promover o autocontrole e trabalhar a educação socioemocional, será impossível resolver essa equação.

Líderes e colaboradores também estão coletivamente com o cérebro esgotado. Espero que percebam que as técnicas deste livro para formar mentes livres e brilhantes não são focadas apenas em educação, mas podem ser úteis para todo o teatro social.

A educação racionalista e exteriorizante desprotege o planeta emoção dos nossos filhos e alunos, os expõe a uma série de transtornos psíquicos. O que fazer? Não podemos ficar assistindo passivamente à personalidade deles e à nossa sendo asfixiada, fragmentada e encarcerada! Temos de ser protagonistas e não espectadores passivos. Devemos sair da plateia. Esta indrodução é um mapa dos capítulos que virão pela frente. Espero que os jovens, pais, professores não apenas do ensino básico, mas também da graduação e pós-graduação se encorajem a transformar o caos em oportunidade.

Neste livro, apresentarei vinte regras ou ferramentas de ouro. A proposta desta obra não é produzir mais um livro de orientação educacional, mas ambiciona reciclar alguns fundamentos da educação mundial, pois ela é baseada no processo de construção dos pensamentos e do Eu como gestor da emoção, uma complexa área que pouco foi estudada pelos grandes pensadores, como Freud, Piaget, Vygotsky, Skinner, Fromm, Kant, Hegel, Marx, Sartre. Uma proposta ousada, sim, mas humilde também, pois todos somos eternos aprendizes, e, como tal, precisamos mapear nossas fragilidades e "loucuras", caso contrário, nosso Eu será dominado pelos nossos fantasmas mentais durante toda a vida.

Se não mudarmos a essência da educação, se não aprendermos a pilotar a complexa aeronave mental e protegermos o delicado planeta emoção, as sociedades modernas se converterão num grande hospital psiquiátrico a céu aberto! Infelizmente, as estatísticas demonstram que já estamos vivendo num manicômio global...!

CAPÍTULO 1

A educação está doente formando jovens doentes!
Educadores bem-intencionados também causam desastres

Notáveis educadores, por não terem estudado o processo de construção de pensamentos, não entenderam que, como abordei, jamais deveríamos ter alterado o ritmo dessa construção nas crianças e nos jovens. Você pode alterar a velocidade de qualquer coisa e ter ganhos de produtividade, das turbinas dos aviões aos processadores na computação, mas a mente humana precisa pensar calmamente, elaborar ideias tranquilamente, caso contrário, o raciocínio complexo e a saúde mental serão afetados seriamente.

Uma das consequências da hiperconstrução de pensamentos é a simulação de sintomas tais quais as pessoas hiperativas apresentam, como déficit de concentração, inquietação, conversas paralelas, teimosia, dificuldade de se colocar no lugar dos outros e de elaborar experiências de dor, perdas e frustrações.

É provável que entre 1% e 2% dos jovens hiperativos tenham um viés genético, enfim, pais agitados. Mas por que, então, entre 70% e 80% estão apresentando os mesmos sintomas? São vítimas de um vírus contagiante como nos filmes hollywoodianos? Não! São vítimas do nosso sistema social contagiante, que produziu coletivamente a Síndrome do Pensamento Acelerado (SPA). Violamos algo que deveria ser inviolável, a caixa preta do funcionamento da mente da juventude mundial!

Essa sociedade insana e frenética tornou-se algoz da mente de nossos filhos e alunos. As crianças têm tempo para mil atividades, menos para ter infância. Tenho falado para plateias de magistrados que todos somos contra o trabalho escravo, mas criamos um "trabalho escravo infantil legalizado". A mente das crianças está intoxicada com excesso de estímulos, inclusive, das mídias digitais, formatando a construção de pensamentos e emoções num ritmo jamais visto na história. Cometemos o maior crime contra os filhos da humanidade sem peso na consciência.

E ainda temos a coragem de aplaudir nossos filhos, dizendo que são gênios pois sabem mexer em aplicativos e programas de computador com incrível maestria. Mas os anos passam e a genialidade começa a desaparecer na pré-adolescência. A maioria dos jovens mostra sinais evidentes de que algo está errado. Começamos a detectar uma intensa insatisfação, impaciência, TR (Tédio à Rotina) altíssimo, necessidade de obter tudo rapidamente e dificuldade de pensar nas consequências dos seus comportamentos. Os pais deixam de aplaudir seus filhos e passam a criticá-los. O gênio decresce à medida que expande o baixo limiar para suportar frustrações.

Hoje, é simplesmente impossível exigir silêncio pleno dos nossos filhos e alunos. Não devemos sufocar a energia mental deles, domar seus cérebros quimicamente, a não ser em casos onde a ansiedade é altíssima e vem acompanhada de sintomas psicossomáticos. Usar a energia deles criativamente é uma das grandes ferramentas que este livro propõe. Levá-los a serem jardineiros emocionais, artistas plásticos mentais, ecologistas sociais, inventores imaginativos, devem ser nossas metas.

Por favor, não critiquem nem excluam seus filhos e alunos inquietos, agitados e irritadiços. Educadores brilhantes apostam tudo o que têm nos que pouco têm. Se usarmos as regras de ouro deste livro, é provável que as crianças que nos dão dores de cabeça atualmente nos darão mais alegrias amanhã.

Mas, infelizmente, nossas empresas, escolas, famílias, estão doentes formando pessoas doentes para um sistema doente. Não dá para culpar os pais e professores por esse fenômeno, pois todos nós somos construtores e, ao mesmo tempo, vítimas desse sistema alucinante, onde somos vistos mais como um número de cartão de crédito do que como um ser humano completo e complexo.

Todavia, se temos de eleger um grande culpado pela perda da essência humana, pelo caos no processo educacional mundial, por esse caldeirão de ansiedade, pelo adoecimento emocional coletivo de jovens e adultos, eu o aponto: O RACIONALISMO OU CARTESIANISMO. Vejamos.

O racionalismo: suas vantagens e seus defeitos educacionais

O francês René Descartes foi um dos maiores pensadores da história, um dos fundadores da filosofia moderna, o grande promotor do racionalismo. O racionalismo é uma corrente de pensamento que supervaloriza a lógica e o raciocínio matemático como modelo de pesquisa e interpretação dos dados. Ele se tornou os trilhos para a produção científica, levando-nos a saltos tecnológicos sem precedentes na engenharia, física, comunicação, biologia e computação.

O racionalismo, ou cartesianismo, foi fundamental para o progresso material, mas foi desastroso para o progresso emocional! Ele exerceu não apenas uma influência importantíssima nas ciências lógicas, mas também uma influência perniciosa nas ciências humanas, em destaque a psicologia, a psicopedagogia, a sociologia e as ciências jurídicas. Obviamente, o racionalismo também teve aspectos positivos inegáveis nas ciências humanas. Analisar um objeto de estudo (por exemplo, um medicamento antidepressivo, como ele se comporta no cérebro, fazer estudos usando placebos e medicamentos ativos etc.), gerou um controle de processos fundamental para a evolução das ciências.

Mas vamos ver alguns aspectos destrutivos. Muitas empresas são racionalistas ou cartesianas, fazem inúmeros testes para selecionar profissionais pelo desempenho técnico e lógico, pela formação acadêmica e pelos treinamentos. Todavia, 80% desses profissionais são despedidos por deficiências emocionais! Não sabem lidar com perdas e frustrações, usam seu cargo para controlar os seus colaboradores e não para libertar sua mente e criatividade, têm a necessidade neurótica de ser o centro das atenções.

Muitas escolas, professores e pais são cartesianos, racionalistas, inclusive nos Estados Unidos, na Europa, no Japão e na China. Eles aplaudem seus filhos e alunos por seu desempenho lógico, exaltam os mais bem-comportados e aqueles que apresentam os melhores desempenhos nas notas escolares, sem saber que mesmos esses podem estar sendo assombrados por fantasmas mentais, como a timidez, a autopunição, o sofrimento por antecipação e o medo da crítica.

As escolas cartesianas consideram os alunos como um número na classe, enquanto as escolas gestoras da emoção os consideram joias únicas no teatro da existência. As escolas cartesianas são especialistas em exaltar as falhas, enquanto as escolas gestoras da emoção são mestras em aplaudir os acertos. As escolas cartesianas corrigem seus alunos em público, enquanto as escolas gestoras da emoção treinam seus professores para que elogiem em público e corrijam em particular. As escolas cartesianas viciam os cérebros dos alunos com o pensamento lógico-linear – que, por sua vez, gera o fenômeno estímulo-resposta ou bateu-levou –, enquanto as escolas gestoras da emoção irrigam o pensamento imaginário para que seus alunos pensem antes de agir. As escolas cartesianas são preocupadas com as notas escolares, enquanto as escolas gestoras da emoção valorizam as provas escolares, mas também as provas da vida, por isso promovem a empatia, a ousadia, a resiliência, o altruísmo, o empreendedorismo e, é claro, a gestão da emoção.

PRIMEIRA REGRA DE OURO

PAIS E PROFESSORES RACIONALISTAS X EDUCADORES GESTORES DA EMOÇÃO

Que tipo de educador você é? Cartesiano ou gestor da emoção? Permita-me defini-los, embora haja muitas exceções. O professor cartesiano esgota seu cérebro com facilidade, enquanto o educador gestor da emoção protege sua mente e renova suas forças; o professor cartesiano vive desanimado diante de uma plateia desconcentrada, enquanto o educador gestor da emoção usa estratégias para cativar seus alunos e refinar seu apetite intelectual; o professor cartesiano se perturba com a irritabilidade e ansiedade dos alunos, enquanto o educador gestor da emoção filtra estímulos traumáticos e não compra o que não lhe pertence; o professor cartesiano culpa os alunos por serem alienados e impulsivos, enquanto o educador gestor da emoção sabe que o sistema os adoeceu, por isso não desiste de nenhum deles, principalmente daqueles que o decepcionam; o professor cartesiano ensina a matéria e, desanimado, não vê a hora de se aposentar, enquanto o educador gestor da emoção não vê a hora de encenar mais uma peça do conhecimento no teatro da sala de aula, pois não ensina apenas, ensina a pensar.

Os pais cartesianos são manuais de regras, enquanto os pais que são gestores da emoção são manuais de vida; os pais cartesianos são especialistas em criticar, enquanto os pais gestores da emoção são peritos em promover e elogiar as habilidades de seus filhos; os pais cartesianos dão muitos presentes, enquanto os pais gestores da emoção dão o que o dinheiro não pode comprar; os pais cartesianos são impacientes e mal-humorados, enquanto os pais gestores da emoção são tolerantes e bem-humorados, capazes de dar risadas de alguns dos seus erros e dos erros dos seus filhos; os pais cartesianos não sabem falar a linguagem do coração, enquanto os pais gestores da emoção são capazes de dizer "eu te amo", "obrigado por você existir", "me desculpe"; os pais cartesianos não revelam suas lágrimas, enquanto os pais gestores da emoção falam de suas lágrimas para que seus filhos aprendam a chorar as suas próprias.

Educação cartesiana vê os alunos como máquinas de aprender

Pais calmos também têm suas crises de ansiedade e professores generosos têm seus golpes de egoísmo! Ninguém é 100% lógico ou racionalista, a não ser que esteja morto, mas nesta sociedade cartesiana, embriagada pela estatística, insistimos em sê-lo, temos a necessidade neurótica de sermos perfeitos. Por isso, é incomum reconhecermos nossas loucuras, pedirmos desculpas ou declararmos nossos sentimentos. Raramente perguntamos para nossos filhos, "Quais pesadelos o controlam?", "Onde eu errei com você e não notei?". É raro professores indagarem para seus alunos inquietos quais angústias eles têm, ou que perdas já sofreram.

Veja até que ponto vai a insanidade do racionalismo no sistema educacional. Certa vez, o presidente de um grande conglomerado educacional, com mais de 20 mil alunos dos ensinos fundamental e médio, teve a coragem de me dizer que um de seus alunos estava ferido, com edema nos olhos e manchas no rosto. Observando-o, uma professora perguntou diante da classe qual era a razão do ferimento. O aluno, angustiado, disse que era porque seu pai o havia espancado.

O resultado? O presidente desse grupo educacional, que faturava centenas de milhões, despediu a professora, obviamente sem lhe dizer o motivo. Mas o real motivo era que a escola não queria ter problemas com os pais do aluno. Esse líder comentou que os alunos estão nas suas escolas para aprender e a professora não devia entrar na seara emocional. Era um grupo de escolas doente, frio, racionalista. Chocado, lhe falei sobre a importância da educação socioemocional. O presidente disse que eu era um escritor que ele admirava muito. Mas eu não queria ser admirado por esse homem, que via seus alunos como máquinas de aprender, queria que ele admirasse e respeitasse seus alunos como seres humanos complexos.

Muitas escolas estão doentes, formando alunos doentes. Elas não os ensinam minimamente a gerir suas emoções e desenvolver habilidades para serem autores das suas próprias histórias. O racionalismo no máximo levou os alunos a aprenderem alguns valores, o que é completamente insuficiente para sobreviverem, serem livres e saudáveis nesta sociedade estressante. O cartesianismo enxergou o *Homo sapiens* como um ser classicamente pensante, racional, lógico, mas não entendeu que ele é dramaticamente emotivo, afetivo, sensível, inspirador, sonhador e sujeito a muitas armadilhas mentais.

O nome de nossa espécie, *Homo sapiens*, homem-pensante, está drasticamente desequilibrado. Ela deveria ser chamada de *Homo sapiens-emovere*. O homem não é apenas previsível, mas também imprevisível, não é apenas lógico, mas também amante, sonhador, fora da curva. Um computador será sempre escravo de estímulos programados, e o ser humano jamais o será, até porque a criatividade nasce do caos, da dúvida, da insegurança, do estresse saudável, que chamo de ansiedade vital.

A inteligência artificial poderá simular todos os comportamentos humanos, mas jamais terá o território da emoção. Pense na seguinte história. Era o ano de 2100 d.C. A humanidade ainda não havia se autodestruído, os computadores haviam evoluído ao máximo. Os robôs eram parecidíssimos com seres humanos. O presidente dos Estados Unidos convidou jornalistas do mundo inteiro para visitar uma fábrica de robôs ultramodernos. Ele exaltava as máquinas dizendo que os robôs humanoides eram melhores que os seres humanos: só trabalhavam, não reclamavam e duravam muito mais tempo.

Na solenidade, muitas perguntas foram feitas pelos jornalistas para um robô e ele respondeu a todas com exímia inteligência. Todos o aplaudiram entusiasmados. Mas antes de irem embora, o único menino presente, que tinha 8 anos e era filho do próprio presidente, levantou a mão. "Posso fazer uma pergunta?". "Claro, meu filho", disse o presidente. "Mas não sei se ele vai ter resposta". O pai respondeu "É impossível, meu filho, vá adiante". Então, dirigindo-se ao robô, o menino perguntou "Meu pai trabalha muito. Quando fica muitos dias longe de mim, sinto tristeza e vontade de chorar. Você já sentiu solidão?". O robô entrou em pane.

Ainda que nossa espécie não se autodestrua, viva por milhares de anos, e os computadores possam evoluir, eles jamais sentirão o sabor da dúvida, o paladar da solidão, os *flashes* do ciúme, o gosto da ansiedade, os encantos do amor, o prazer da tranquilidade. Os computadores, assim como os seres humanos, fazem exercícios matemáticos, mas jamais construirão monstros em sua mente, nunca sentirão fobias, enquanto os seres humanos serão assombrados pela *nictofobia* (medo do escuro), claustrofobia (medo de lugares fechados), fobia social (medo de se expressar em público), futurofobia (medo do futuro), acrofobia (medo de altura) e muitas outras.

Se perguntarmos para todos os computadores, incluindo o supercomputador Watson da IBM, se eles querem ser ricos ou felizes, eles travarão, não entenderão a pergunta. Mas pergunte aos seres humanos, e a grande maioria dirá: prefiro ser feliz. Mas mesmo os que querem ser felizes traem seu sono por um pouco mais de trabalho, traem o tempo com sua família por usar os celulares nos finais de semana, traem a sua qualidade de vida por se colocarem em lugares indignos de sua agenda. Os computadores jamais se trairão, pois não têm emoções!

Bons educadores podem ser tanto excessivamente racionais quanto intensamente emocionais, mas educadores brilhantes são equilibrados, respiram e caminham nos dois planetas. Quem não tem a razão e a emoção trabalhadas com maturidade viverá esses paradoxos doentios: a emoção inspira as poesias, mas a razão fomenta atritos e agressividades; a emoção aplaude os que acertam, mas a razão elimina os que erram; a emoção exalta os amigos, mas a razão exclui os diferentes. Portanto, se o Eu, que representa a capacidade de escolha, não for inteligente e generoso para gerir o planeta emoção junto com a razão, seremos seres humanos doentes!

A pergunta que não pode calar é: em que escola ou universidade se estuda e se ensina a gestão da emoção para que seus alunos aprendam a protegê-la, a filtrar estímulos estressantes, a preservar e expandir os recursos de suas mentes? Harvard? Cambridge?

Oxford? Infelizmente, estamos na Idade da Pedra nessa nobre área das ciências humanas! Pergunto frequentemente em minhas conferências na América Latina, na Europa e nos Estados Unidos: quem sofre por antecipação? A grande maioria. Quem é refém do passado, rumina perdas, mágoas ou frustrações? Muitos. E quem cobra demais de si mesmo? Novamente, muitos. Aprendemos a conduzir empresas, a pilotar carros e a operar computadores, mas não aprendemos a dirigir nossas mentes.

Sem "gestão da emoção" nossa espécie é inviável

Há escolas de ensino médio que encorajam ou "contratam" os melhores alunos do país para que eles venham estudar nelas. Eles amam os alunos que têm as melhores notas, mas desprezam alunos medianos ou que estão nos últimos lugares, sem saber que lá se encontram muitos "Einsteins". Esses alunos se matam de estudar, são os melhores da classe, da cidade, mas quando entram numa notável faculdade, esquecem que todos que entraram lá estão no nível deles. O resultado é que muitos não mais atingem o topo, por isso, se mutilam, se deprimem, pensam em desistir da vida.

Quantos alunos não desenvolvem gravíssimas crises emocionais no Japão, na China, nos Estados Unidos, no Brasil, por não serem os melhores da classe? Alguns se matam, sem saber que é possível ser o número dois, três, dez, com dignidade. Sem saber ainda que nem sempre os melhores da classe serão os maiores profissionais, empreendedores, cientistas. Porque suas escolas estão doentes, não ensinam técnicas básicas de gestão da emoção, e eles se cobram e se culpam em demasia, são carrascos de si mesmos.

Essas escolas sonham com a notoriedade de seus alunos, sem se preocupar intensamente em como está a saúde emocional deles. Sem dúvida, o ranking de escolas pode ser positivo. Deve se estimular o aprendizado, a ousadia e o desafio. Mas jamais devemos deixar de contemplar as habilidades socioemocionais como altruísmo, generosidade, empatia.

Nada é mais agradável do que estar em paz no território da emoção! Nada é mais prazeroso do que ser autônomo, livre, protagonista, passar nos testes de estresse da vida! Por isso, todas as escolas deveriam ser escolas de gestão da emoção, escolas da inteligência socioemocional, escolas onde os alunos têm como meta fundamental desenvolver um Eu que seja autor de sua própria história.

A mente das crianças e dos jovens mudou, mas as escolas estão na Idade da Pedra, atrasadas cinco séculos. Os pais e professores assistem perplexos ao desenvolvimento mental notável dos filhos, mas, ao mesmo tempo, eles parecem incontroláveis. Nunca os jovens tiveram um raciocínio tão rápido e, ao mesmo tempo, jamais tiveram emoções tão frágeis e desprotegidas! Essa é uma das causas que têm nos levado a infeliz estatística: aumentamos em 40% o índice de suicídio entre os jovens. Deveríamos chorar com esses números.

Durante mais de três décadas, arrisquei-me na empreitada complexa de produzir conhecimento numa área em que poucos pensadores tiveram a oportunidade de entrar. Precisamos conhecer o que está ocorrendo no centro da psique dos jovens, precisamos sair das camadas superficiais da psicologia, da sociologia e da psicopedagogia para avançar na última fronteira da ciência, o mundo dos pensamentos, o epicentro de formação do Eu, os papéis conscientes e inconscientes da memória e a gestão da emoção. Você não vai ler aqui um livro de autoajuda, como nenhum dos meus livros o são. Eles podem até ajudá-lo e motivá-lo, mas entraremos em camadas pouco visitadas de nossa psique.

Vamos falar sobre as regras de ouro para formar pensadores, mentes livres e criativas. Não estou me referindo a inteligência emocional. Anos antes que o brilhante psicólogo Daniel Goleman escrevesse *Inteligência emocional*, eu já produzia conhecimento sobre gestão da emoção. Inteligência emocional é o solo. Muitos sabem que é importante edificar uma construção num solo adequado. Gestão da emoção, metaforicamente falando, trata dos fundamentos e dos alicerces dos mais variados tipos de edifícios, trata ainda da engenharia emocional para construir prédios, casas, pontes, usinas. Não basta ter o solo e saber que a emoção é importante: é fundamental saber o que edificar e como edificar.

Gestão da emoção, portanto, envolve questões vitais: como proteger a própria emoção? Como preservar seus recursos naturais e expandi-los? Como dar um choque de lucidez e qualificar os sentimentos? Como gerenciar a emoção nos focos de tensão? Qual a relação entre pensamentos e emoções? Por que emoções tensas são capazes de fechar o circuito da memória e levar o *Homo sapiens* a ser *Homo bios*, ou seja, a reagir como um animal? É possível que um executivo de Manhattan, em Nova York, tenha reações cerebrais, quando é contrariado, da mesma forma que um africano nas savanas diante de um predador? Construímos predadores em nossas mentes? É possível deletar a memória, como fazemos nos computadores, ou só podemos reeditá-la? A emoção é imutável ou pode envelhecer precocemente? É possível um jovem de 15 anos ter a mesma emoção de um idoso de 90, e vice-versa? Como ser autor de nossa própria história diante dos estresses da existência? Reitero: gestão da emoção vai muito além da inteligência emocional. E precisa ir, para nos dar um mapa mínimo para sermos saudáveis nessa sociedade ansiosa e doente.

Todas essas questões não apenas envolvem a formação de mentes brilhantes, o desenvolvimento da saúde emocional, mas também lidam com a viabilidade da espécie humana. Somos uma espécie viável? Sem gerir a emoção, não. Nossa história é vergonhosamente manchada por guerras, homicídios, suicídios e discriminações, pelo autoritarismo, pela intolerância a contrariedades e por milhões de doenças emocionais que poderiam ser prevenidas...

A emoção tornou-se terra de ninguém

Uma das teses do racionalismo diz que tudo o que existe deve ser inteligível, racional, coerente. Mas eis um grande problema: a empatia, a generosidade, a tolerância a frustrações ultrapassam os limites da lógica. Sem esses elementos, promoveremos a exclusão social de quem nos decepciona! Por exemplo, o racionalismo espera que toda ação gere uma reação, um pensamento lógico. Todavia, uma pessoa racionalista se doará esperando a contrapartida e, portanto, chafurdará na lama das frustrações, pois os íntimos são os que mais nos decepcionam.

Só existem almas gêmeas quando os dois estão num cemitério, um ao lado do outro. Ainda que os casais sejam muito parecidos nas preferências por alimentos, filmes, vinhos e viagens, que tenham visões de mundo semelhantes, o parceiro e a parceira vivem momentos diferentes com aberturas distintas de janelas da memória que produzem pensamentos e reações diversas a cada momento existencial. Se você se doar ao seu marido esperando que ele dê sempre o retorno com a mesma intensidade, é melhor procurar um psicólogo!

Estamos na era dos mendigos emocionais.[1] A ONU detectou que há 800 milhões de pessoas famintas, ingerindo menos de 2 mil calorias diárias. Um desastre. Mas o que a ONU não pesquisou é que há bilhões de crianças e adultos emocionalmente famintos, vivendo miseravelmente, não poucos morando em palácios ou belos condomínios residenciais.

Atualmente, crianças, adolescentes e jovens adultos precisam de muitos estímulos para sentirem migalhas de prazer. Na era da insatisfação, traficantes não vendem drogas, oferecem drogas para personalidades insatisfeitas. Uma emoção dramaticamente vazia e angustiada é um comprador em potencial. Não é possível resolver a equação das drogas apenas usando armas (repressão) ou simplesmente liberando-as. Faz-se necessária uma revolução pedagógica, com destaque para educar a emoção de nossos filhos e alunos para que desenvolvam um Eu maduro, autônomo, resiliente, líder de si mesmo. Sem esses elementos, trataremos dos sintomas e não das verdadeiras causas de um problema que assola a humanidade.

O tratamento da dependência de drogas é um dos que têm maior índice de insucesso. Isolar os pacientes, orientar, aplicar técnicas psicoterapêuticas, seja qual for a linha teórica, é frequentemente insuficiente, devido à pulverização de janelas traumáticas na memória do dependente. Faz-se necessário entrar com o Programa de Gestão da Emoção para equipar os usuários a dirigirem suas próprias histórias, reeditarem as janelas doentias, lidarem com dores, perdas e frustrações, mesmo em seus focos de tensão. Preocupado com isso, desenvolvi durante anos o programa Freemind[2] e o disponibilizei gratui-

---

1. Conferir *O homem mais inteligente da história*. Sextante, 2016.
2. O programa Freemind é disponibilizado pelo Hotel Gestão da Emoção, que é um espaço onde os dependentes de drogas e álcool são tratados não como doen-

tamente. O Freemind tem a nobre meta de proteger a emoção e prevenir transtornos psíquicos, incluindo o uso de drogas. Atualmente, é um dos programas mais utilizados no mundo, em mais de quinhentas comunidades terapêuticas.

A mais notável tarefa de um educador não é abarrotar de informações a mente de seus filhos e alunos, mas prepará-los para que sejam protagonistas de suas próprias histórias. Infelizmente, mais de dois terços dos alunos estão profundamente estressados, mentalmente agitados, com dificuldades de lidar com o tédio, com o sono de má qualidade, com baixo limiar para frustrações, com déficit de memória. Milhões deles estão intoxicados digitalmente, desenvolvendo dependência de celulares, games, bem debaixo dos nossos olhos.

A tecnologia digital, como estudaremos, pode ser utilíssima, mas tem efeitos colaterais. Não mapeá-la é uma irresponsabilidade. Não apenas drogas psicoativas licitas e ilícitas viciam, mas celulares e games também. Não é sem razão que o suicídio é a segunda causa de morte entre jovens na Europa e a terceira nos Estados Unidos! Estamos na era do humor triste diante da mais poderosa indústria do entretenimento. Crianças e adolescentes que deveriam estar brincando, se aventurando, aplaudindo a vida como espetáculo inexprimível estão vivendo o espetáculo do estresse, estão ansiosos, deprimidos, com o cérebro esgotado e sem sonhos.

Pais e professores deveriam gerir sua própria emoção para ensinar seus filhos e alunos a gerir a emoção deles, deveriam usar ferramentas de ouro para ensiná-los a desenvolver mentes livres e saudáveis. Não deixe sua chama de educador se apagar! É nossa responsabilidade oferecer uma solução inteligente para a dificílima equação emocional: educadores estressados, jovens ansiosos.

---

tes, mas como hóspedes. Para conferir gratuitamente o programa Freemind, acesse: www.hotelgestaodaemocao.com.br ou escreva para gestaodaemocao@yahooo.com.br.

Eu não me curvaria diante de reis ou celebridades, mas me curvo diante de pais e professores. Sem educadores, nossas primaveras não têm flores, nossos verões não têm chuva, nossos invernos são insuportáveis. Sem educadores, a humanidade é doente e inviável.

CAPÍTULO 2

Escolas e famílias doentes formando jovens doentes!

Descartes saiu da tumba e se assombrou com o mundo que influenciou

Vimos que do nome do filósofo Descartes deriva a palavra cartesianismo. Embora ele não tenha sido o construtor do racionalismo, foi seu grande formatador e promotor. Vamos imaginar a seguinte história. Descartes, depois de quase quatro séculos, saiu da tumba e entrou neste nosso mundo maluco, mas altamente tecnológico, que suas ideias ajudaram a criar.

O medo é um velho fantasma que jamais deixou de assombrar a mente humana. As fobias não estão na conta do racionalismo, pois elas, por definição, são uma reação superdimensionada em relação ao objeto fóbico, portanto, têm cores e sabores irracionais ou ilógicos. Da hipocondria (medo de doenças) à fobia social (medo de estar ou falar em público), as fobias sempre representaram a incrível capacidade criativa do ser humano de criar monstros que não existem, mas com capacidade para o aterrorizar. Que monstros você constrói? Não conheço ninguém, nem o mais racional dos cartesianos, que não crie alguns predadores. Até o medo do medo é um predador.

Cuidado! Os medos provocam um fenômeno inconsciente, que chamo de RAM (Registro Automático da Memória), de arquivá-los no centro de nossa memória, tornando-os janelas Killer ou traumáticas inesquecíveis o grande problema! O grande problema não são as tolices que criamos, mas o registro delas. Tudo que está arquivado não pode mais ser deletado. Os gritos dos pais, o pânico das mães, os atritos e as disputas irracionais entre adultos são arquivados pelas crianças e jovens, possibilitando que muitos reproduzam esses comportamentos, ainda que os detestem, e transmitam para as novas gerações, não pela via genética, mas pela comportamental.

Ao longo de décadas de atendimento psiquiátrico e psicoterapêutico, ao investigar com uma "lupa" a história dos meus pacientes, eu observava claramente que "pais pessimistas tinham mais chances de formar filhos peritos em reclamar da vida", "pais tímidos formavam com mais facilidade jovens inseguros e socialmente retraídos", "mães com manias de limpeza passavam para seus filhos e netos a preocupação obsessiva de ter tudo no lugar", "adultos hipocondríacos eram mestres em formar jovens com mania de doenças".

Os racionalistas usam a matemática como modelo fundamental da racionalidade, mas a transmissibilidade dos transtornos emocionais pela oralidade e pela gesticulação, tão comuns na espécie humana, não era prevista por essa corrente poderosa do pensamento. O modelo estatístico, inclusive aplicado de forma clandestina por certas redes sociais, conhece o perfil de seus usuários e o utiliza para vender produtos e serviços, tornando-os meros consumidores em potencial, um número de cartão de crédito, reduzindo a individualidade e a complexidade de cada ser humano.

Viver é um espetáculo único. Mesmo que esse show tenha estresses e perdas, terminá-lo pode ser aceitável para o racionalismo, mas é inaceitável para a emoção. Por isso, de todas as formas procuramos fugir do mais racional dos fenômenos: a morte. Na atualidade, alguns tomam poções para rejuvenescimento, outros fazem aplicações de Botox, Peelings e mil procedimentos para disfarçar ou distanciar o tempo, mas o tempo é cruel. Você foge dele, mas ele grita: "ninguém escapa das minhas mãos!". Você luta com ele, mas ele zomba de volta: "Nenhum mortal pode me vencer!". Você dissimula, mas ele ri e fala: "Encontrei você!".

Descartes, como todos os mortais, lutou contra a morte, por isso, acreditava em Deus e discursava sobre Ele! Mais de 10 trilhões de células do seu corpo em algum momento devem ter gritado metabolicamente "não morra!", o que aumentou sua frequência respiratória, disparou seu coração e criou nuvens de moléculas na corrente sanguínea. Tudo isso para que o apóstolo do racionalismo não fechasse seus olhos para a vida. Mas, por fim, Descartes foi alcançado pelos tentáculos da finitude existencial. Morreu em 1650.

Descartes entrou em pânico

Em nossa história, os séculos se passaram e o "improvável" aconteceu. Contrariando todas as previsões, a tumba de Descartes subitamente se abriu. E o filósofo saiu do túmulo e apareceu na Cidade Luz, Paris. Espantado, camisa esgarçada, calça amassada, aparência cadavérica. O homem que lutou com unhas e dentes para que a matemática dominasse as ciências e as relações sociais acordou em pleno século XXI e, ao invés de ficar feliz com o mundo que ajudou a criar, começou a ser assombrado pelo que via ao seu redor. Não era o mundo que havia imaginado. Começou a ter crises de ansiedade a cada quadra que percorria.

Máquinas de ferro, os carros, pareciam enormes predadores. Quase o atropelaram. Motoristas buzinaram impiedosamente e gritaram para o nosso gentil filósofo: "Sai da rua, maluco!", "Acorda, psicótico!". O racional filósofo experimentou as labaredas da irracionalidade do mundo moderno, homens destituídos de paciência, pareciam deuses só porque montavam num cavalo de ferro. Apressou os passos. De repente, viu dragões acima de sua cabeça cortando o ar, não soltando labaredas de fogo, mas produzindo um barulho ensurdecedor.

Por alguns instantes, achou que estava delirando, acreditou que a mitologia havia ganhado concretude. Beliscou-se, bateu com a mão direita em seu crânio, sentiu dor. Ficou perplexo, atônito, tudo era real, perturbado. Descarte correu a esmo. Mas para onde? Não sabia que o método científico que tanto havia se empenhado em divulgar, que observar, levantar dados, experimentar, controlar processos, checar resultados, poderia levar a um desenvolvimento brutal nas ciências capaz de "engravidar" aqueles dragões de aço, os aviões!

A humanidade sempre produziu conhecimento aleatório empiricamente, mas o progresso era tímido, pois a superstição e o misticismo contaminavam o resultado. A partir da modernidade, produziria de forma controlada e racional. O salto foi gigantesco. Não foram os "Einsteins" os grandes promotores das ciências e nem os inúmeros "Steves Jobs", foi Descartes, foi o racionalismo! A partir desse momento, os centros de pesquisas, principalmente nas universidades, floresceram.

A cada dois séculos, o número de informações dobrava, um feito extraordinário. O conhecimento produzido era acumulado, organizado e ensinado nos ensinos fundamental, médio e superior. Foi a primeira grande onda do conhecimento. Na segunda metade do século passado, iniciou-se a segunda grande onda, capitaneada pelos centros de pesquisas das empresas, dos laboratórios e dos institutos. Hoje, ela é um tsunami: a cada ano, muito provavelmente o número de informações dobra. Isso nos levou à era digital e à revolução da robótica. Descartes não sonhara com um salto científico tão alto e tampouco imaginaria que o *Homo sapiens* se perderia neste processo! Mas agora ele está em pleno século XXI para atestar esse fenômeno.

Eis que, ofegante, parou à sombra de um café parisiense. Mente inquieta, coração galopante, observou homens e mulheres completamente mudos, mexendo freneticamente num aparelho que estava na palma de suas mãos. "Por que as pessoas não conversam?", indagou Descartes para si. Viu belos casais, mas eles não se beijavam nem se tocavam, apenas mexiam no aparelho. O que é isso? Será que são humanos? A resposta era difícil. Parecia que as pessoas haviam perdido a essência.

O pior estaria por vir. Uma cena deixou o filósofo, amante do diálogo, debatedor de ideias, com o coração partido. Um menino de 5 anos queria falar com o pai, mas o pai não tinha tempo. Estava enviando mensagens pelo aparelho. "Espere, filho, agora não!" "Mas eu quero falar!", disse o garoto, chorando. Seu pai parecia um alcoólatra viciado nas bebidas baratas que Descartes já experimentara, só que seu vício era por um estranho aparelho. O pai, insensível, disse com voz empolada: "Mais tarde! Deixe eu responder esse e-mail".

Nosso filósofo não aguentou. Interviu: "Senhor, nada é tão importante para as crianças como ter a atenção dos seus educadores! Dê-lhes atenção e nossos presídios virarão museus". O pai olhou de cima a baixo o estranho personagem e, furioso, disse bem alto: "Da educação do meu filho, cuido eu. Saia daqui, seu... seu maltrapilho! Ou chamarei a polícia!".

Nosso filósofo, perturbado, se indagou em voz alta: "Que mundo maluco é esse em que os casais sufocam o amor e os educadores não têm tempo para as crianças?". Descartes defendia o racionalismo, embora ele fosse um homem sentimental. Ao ouvir sua indagação, um crítico do sistema social que sozinho tomava um café disse: "Nossa sociedade enlouqueceu, meu amigo. Culpa do cartesianismo". Descartes suou frio e pediu explicações: "O que você disse, meu senhor?".

"As ideias de René Descartes produziram este manicômio global!" O filósofo ficou rubro, perdeu a voz, seu coração parecia que ia sair pela boca. "Está maluco, homem? Eu não sou responsável por tamanha insanidade!" As pessoas que ouviram o debate largaram seus celulares e debocharam do maltrapilho. Descartes saiu constrangido. Vinte metros à frente havia uma loja de video games. Meninos quietos, uns na frente dos outros, sem aventuras e sem algazarras! Pareciam zumbis apertando os aparelhos!

Mais alguns metros à frente, um restaurante. As mesas estavam postas do lado de fora. Eis que um sinal perturbou o ambiente: o celular de um cliente tocou alto ao seu lado. O filósofo levou um susto. E ficou mais espantado ainda quando ouviu a conversa: "Como está a bolsa de valores no Japão? Em Nova York está caindo agora!". Descartes quase desmaiou! Crer que um diminuto aparelho comunicava pessoas de continentes distintos o deixara perplexo. De repente, o mesmo sujeito pagou a conta com um cartão. "Cadê as moedas?", pensou. Era um mundo muito diferente do seu.

Descartes foi considerado um terrorista: pânico geral

Enquanto Descartes tentava processar todas essas informações, quando as cenas pareciam impossíveis de piorar, elas passaram do drama ao terror! Um policial, vendo seus gestos tresloucados e vestes esfarrapadas, rapidamente se aproximou e pediu sua identidade. Ele engoliu a seco. "Identidade? Sou de um tempo em que a palavra valia mais que o documento!" O policial fungou o nariz. "Que resposta estranha!", pensou e perguntou: "Qual o seu nome?". Ele respondeu: "Descartes". Observando a reação do policial, algumas pessoas do restaurante deixaram seus celulares e começaram a prestar atenção no moribundo.

"Descartes? Qual o nome completo?", indagou, tenso, o policial. Seu tom de voz continuou a chamar a atenção de outros distraídos pela tecnologia digital. "René Descartes, senhor!", disse o filósofo. Um homem sentado numa mesa a 3 metros da confusão e que era professor de filosofia de uma universidade de Paris, morreu de rir! Bradou: "René Descartes? Parece que esse sujeito saiu mesmo de uma tumba. Essa é a piada do ano!".

"Por que zombas de mim? O que fazes homem?", questionou Descartes. "Sou filósofo", respondeu o professor. "Se és filosofo, conheces minha obra *Discurso do Método*!" "Mais um psicótico no século XXI", disse o professor de filosofia. Os observadores riram, inclusive o policial. Na era da escassez da alegria, os risos impressionaram quem estava distante, fazendo com que se aproximassem, e um círculo se formou ao redor de Descartes. Perturbado com esses comportamentos, ele começou a discorrer sobre filosofia, deixando todos perplexos.

Nervoso com o estranho personagem, o policial disse: "De onde você veio, seu... seu...?". Descartes, por ser racionalista, não tinha muito jogo de cintura, dando uma resposta seca, engessada, a mais lógica e também a mais perigosa possível: "De um cemitério". Mais risadas ainda, mas o policial e alguns outros interpretaram a resposta de um modo dramático. "Cemitério?", retrucou o policial perturbado. Nesse momento, Descartes, sem perceber, deu a senha do desespero: "Sim, cemitério! Todos nós vamos um dia para a solidão de um túmulo". O policial interpretou que o maltrapilho queria cometer suicídio. "Você quer cometer um ato terrorista?" Pânico geral.

A palavra "terrorista" detonou um fenômeno inconsciente nos cérebros dos ouvintes, chamado de gatilho da memória, abrindo uma janela Killer ou traumática nos porões de suas mentes. O volume de tensão que foi extraído dessa área foi tão grande que fechou o circuito da memória, bloqueou o acesso a milhões de dados, asfixiando a racionalidade tão cara a Descartes. O filósofo desconhecia esse mecanismo, mas sentiu na pele que o *Homo sapiens* tinha se tornado *Homo bios*, instintivo, prestes a ser devorado por um predador. E ele era o predador, ainda que fosse um pensador inocente.

Crise de ansiedade coletiva. Alguns ficaram tão tensos que viram coisas. Em frações de segundo, observaram que o velho casaco de Descartes estava avolumado. Só podiam ser bombas. O apóstolo da lógica causou um enorme estado de ilógica, um turbilhão de emoções que não estava prescrito nos compêndios do racionalismo. Todos saíram correndo, atropelando uns aos outros. Alguns gritavam "terrorista!", enquanto disparavam notícias por meio dos celulares. Paris em segundos estava em chamas emocionais.

Descartes, que já estava angustiado, quase perdeu a consciência com a beligerância e o descontrole das pessoas. O policial sem demora puxou a arma e disparou. Ansioso, errou o alvo. Descartes saiu em disparada, sem saber ao certo o que estava acontecendo. Todos fugiam dele e ele fugia de todos.

Era um mundo cada vez mais ansioso, flutuante, mal-humorado. Havíamos aprendido a dirigir máquinas, mas não a máquina das máquinas, a mente humana. Éramos gigantes nas ciências, mas meninos para liderarmos nós mesmos. Em pouco tempo, Descartes estava nas redes sociais, do anonimato para o estrelato. Milhões de *views* falando desse estranho anônimo. Estressado, Descartes teve saudades de sua tumba!

Descartes encontrou um lar, um ambiente imutável: uma escola

Fugindo de carros, de pedestres e de seus algozes, nosso filósofo racionalista entrou num grande prédio repleto de salas e com jovens transitando com cadernos nas mãos. Passou pelos corredores observando atentamente e começou a se sentir em casa! Finalmente encontrou um ambiente que parecia ter mudado muito pouco: uma escola. Seu coração, que estava quase em colapso, começou a abrandar-se.

Observou uma sala de aula. Os jovens estavam enfileirados um atrás do outro! Na frente, um professor se esgoelava tentando obter a atenção da plateia. O ambiente era o mesmo, o mestre também, a pedagogia parecia igual, só a mente dos alunos havia mudado, e muito. A maioria estava inquieta. Não poucos estavam viajando por outro "planeta".

Passou os olhos em outra sala e viu o professor dando uma bronca num jovem que teve um comportamento errático: "Você não vai virar nada na vida desse jeito!". Abriu um sorriso. "Está certo!", sussurrou para si mesmo! Mas não entendia as causas dos alunos estarem tensos, cabisbaixos, roendo unhas, destituídos de alegrias!

Percorrendo os corredores, viu uma professora entregar as provas. Um aluno de 14 anos, gaguejando e lacrimejando, comentou: "Mas professora, eu respondi... as questões de outro... modo!". "Prova é prova. A resposta tem de ser exatamente como eu ensinei!", ela disse. Descartes irrompeu em aplausos, mas baixinho para ninguém percebê-lo.

"Mas professora, eu usei a imaginação para...", disse o jovem. Ela o interrompeu: "Todo raciocínio fora da curva é reprovado". O menino, enxugando os olhos e inconformado, indagou: "Mas... de onde... vem essa ordem?" Ela sentenciou com a boca cheia: "DO MINISTÉRIO DA EDUCAÇÃO DESTE PAÍS!". Outro aluno comentou, perturbado: "Mas de onde o Ministério da Educação tirou que as respostas dos alunos têm de ser iguais às dos professores?". Confusa, ela disse, "Sei lá, talvez de Descartes!".

Os professores são os profissionais vitais no tecido social. Como me manifestei em outras obras, eu não me curvaria diante de celebridades e políticos, mas me curvo diante deles. Muitos gestores de escolas também são preocupadíssimos com o futuro dos seus alunos, mas, infelizmente, diversos ministérios da educação das nações modernas são racionalistas, contagiando todo o sistema educacional. Esses ministérios têm a melhor das intenções para formar mentes brilhantes, mas asfixiam essa formação por não ter estudado o processo de formação de pensadores.

Bombardeiam o cérebro dos alunos com milhões de informações, sem provocar a mente deles, estimular a arte da dúvida, da pergunta, de empreender, de se reinventar, de libertar a imaginação. Sem encorajá-los a ter o deleite do prazer de aprender, como Platão preconizava; a ter autonomia, como Paulo Freire ansiava; a buscar pelo sentido de vida, como Victor Frankel almejava; a dar vazão à busca irrefreável da liberdade, como Sartre acreditava; a libertar o imaginário, como Einstein aspirava; ou a estimular o Eu a ser gestor da mente humana e autor da própria história, como eu humildemente sonho.

Ao estudar e teorizar sobre o processo de formação de pensadores, tomei consciência de alguns erros dramáticos. Einstein tinha menos conhecimento de física, química e matemática que os melhores físicos e engenheiros da atualidade! O conhecimento se multiplicou muitíssimo. A quantidade de dados é importante, mas é a ousadia para caminhar por ares nunca respirados, a dúvida a respeito das verdades vigentes e, principalmente, a maneira como se organiza o conhecimento, são as molas propulsoras para gerar as grandes ideias. Não é sem razão que o próprio Einstein disse que "é mais importante a imaginação do que a informação"!

Os ministérios da educação dão um conteúdo programático para que os professores ensinem em sala de aula para os alunos aprenderem, assimilarem e reproduzirem nas provas escolares. Mas quem disse que existe lembrança pura? Nós exigimos que os alunos façam provas sem entender que interpretar é contagiar a realidade, é acrescentar cores e sabores do sujeito, é inovar. Exigir exatidão sem levar em consideração a fronteira mais complexa das ciências humanas e o processo de construção de pensamentos é asfixiar a criatividade humana.

O pensamento é o veículo fundamental para se transmitir o conhecimento. Ele pode ser expresso por palavras, gestos, imagens. Mas quem disse que a construção de pensamentos obedece a linearidade lógica? Quem disse que um professor ou um aluno resgata exatamente as informações que estão em sua memória, tal qual como aprenderam? Não resgatam! Lembrar é reinventar, ainda que minimamente, o objeto pensado. O grande paradigma da educação racionalista está errado. Não existe lembrança pura, a não ser com informações estritamente lógicas, como números telefônicos e fórmulas, mas mesmo assim há contaminações.

A construção de pensamentos sempre sofre influência de um conjunto de fenômenos que a contaminam inevitavelmente, capitaneado pelo estado emocional (como estou, se deprimido ou alegre), pelo ambiente social (onde estou, se num ambiente acolhedor ou ameaçador), pelo tipo de personalidade (quem sou), pelo estado motivacional (o que desejo).

Esses fenômenos interferem na abertura e no fechamento de milhares de janelas ou arquivos no córtex cerebral e, consequentemente, no acesso a milhões de dados e na organização deles, o que faz com que não apenas dois alunos produzam pensamentos distintos diante de um mesmo objeto ou das mesmas perguntas nas provas, mas um mesmo aluno em dois momentos distintos diante das mesmas perguntas também frequentemente produz interpretações e ideias diferentes, ainda que parecidas. Faça o teste.

Esse processo complexo torna a verdade um fim inatingível, em destaque nas ciências humanas. Exigir respostas exatas sem considerar as variáveis da imaginação, da inventividade, do raciocínio complexo é querer que as mentes dos alunos sejam robotizadas. É um crime educacional. Reitero: exigir dos alunos exatidão nas provas é robotizar a mente humana, asfixiar seu imaginário, assassinar o processo de formação de pensadores. Milhões de jovens entram nos colégios, universidades e programas de pós-graduação racionalistas com um potencial incrível para ser um pensador, mas a grande maioria sai mentalmente adestrada, calada, intimidada, destituída de paixão pelo conhecimento e ousadia para navegar por mares nunca antes navegados.

Além disso, os ministérios da educação da atualidade muito provavelmente por não terem estudado os tipos de pensamentos que transitam na mente humana constroem uma política educacional que vicia os alunos no mais pobre de todos os pensamentos, o pensamento dialético, que copia os símbolos da língua, sufocando o pensamento anti linguístico, anti dialético ou imaginário. Por isso, as crianças perguntam muito antes de entrar na escola e deixam de perguntar à medida que os anos passam.

E, entre outras falhas, os ministérios da educação racionalistas, por não entenderem a natureza do pensamento e o assunto a ser estudado, não têm consciência de que ele não é real, concreto, mas virtual. Portanto, o pensamento jamais incorpora a realidade do objeto pensado, o que atesta mais uma vez que a verdade é um fim inatingível, o que demonstra novamente que as provas escolares não podem ser avaliadas pela repetitividade dos dados, mas por variáveis mais complexas, como a participação, a ousadia, o debate, o raciocínio multifocal, a inventividade. "Inocentes" provas mal aplicadas sepultam gênios. Nas salas de aulas de milhares de colégios e universidades, há milhões de gênios que foram enterrados vivos...

Famílias cartesianas, famílias doentes

Como veremos, devido à SPA (Síndrome do Pensamento Acelerado) e à SEC (Síndrome do Esgotamento Cerebral), raramente as crianças e os adolescentes se adaptam ao sistema educacional quase que imutável nos últimos cinco séculos. Um sistema seco, sem sabor, sem aventuras ou desafios, que ama o silêncio absoluto, sem entender que a mente dos alunos sofreu grandes e incontroláveis mudanças.

Os alunos não são culpados por chafurdarem na lama da ansiedade. Talvez seja a primeira vez na história que os jovens não questionam a ética nem contestam as loucuras da geração mais velha. Nós os envenenamos tanto com o consumismo e com o excesso de estímulos que eles querem doses cada vez maiores do veneno que produzimos. Editamos a produção de pensamentos e emoções nas suas mentes numa velocidade jamais vista. Agitados, o último lugar em que milhões de alunos querem estar é dentro da sala de aula. As escolas, por não terem se reinventado, são chatas, entediantes, maçantes, ainda que tenham lousas digitais, carteiras confortáveis, ar-condicionado.

Os alunos são considerados espectadores passivos do conhecimento expresso por seus mestres. Mas eles detestam essa posição; eles amam participar, compartilhar, construir, inventar e reinventar. Uma nova escola para um novo aluno tem de ser refundada para aproveitarmos sua ansiedade e inquietação produtivamente. Nessa escola, professores e alunos são ambos cozinheiros do conhecimento.

Voltando à nossa história, Descartes, ao observar atentamente os questionamentos dos alunos, a dependência digital e a asfixia da capacidade de pensar, ficou preocupadíssimo e com peso na consciência. Sonhou em voltar no tempo e reciclar suas ideias. Mas já era tarde. O passado é cartesiano e não admite correções, só o futuro é socioemocional, tem outras possibilidades. A tese é: não se muda o passado, só o futuro através do presente, quando um ser humano deixa de ser vítima e passa a ser autor da história – pelo menos da sua própria história.

Até os terroristas eram cartesianos, não ouviam o clamor de mais de 10 trilhões de células que suplicavam através de sintomas como taquicardia, aumento da frequência respiratória e outros mecanismos, "Não morra! Não se mate!". Mas não apenas eles se matavam como destruíam pessoas inocentes em função de uma ideologia racionalista.

A sociedade tornou-se cartesiana, a violência está aumentando. E os sintomas são evidentes: os suicídios, os homicídios, o padrão tirânico de beleza, o estímulo ao consumo irresponsável, o fenômeno ação-reação, a perda da paciência por pequenas contrariedades, os sintomas psicossomáticos comuns ao ser humano moderno, a discriminação aos imigrantes ou por cor da pele, raça, religião, sexo.

No universo educacional, há exceções, famílias incríveis e escolas excepcionais, mas a maioria das famílias e escolas foi contaminada pelo vírus do cartesianismo. As famílias cartesianas são facilmente reconhecidas: todos assistindo à TV em pleno silêncio e sem diálogo; pais com tempo para entrar nas redes sociais, mas não para seus filhos e vice-versa; ao receber os amigos, algo raríssimo, os pais esbravejam com seus filhos que desejavam se manifestar: "Fiquem quietos, estão atrapalhando a visita!". E, além disso, tom de voz elevado, atitude de impor e não expor as ideias, críticas excessivas, dificuldade de ter bom humor e necessidade neurótica de cobrar uns dos outros são sintomas de famílias racionalistas.

As famílias modernas se tornaram um grupo de estranhos, próximos fisicamente, mas muito distantes interiormente. O racionalismo nos adoeceu coletivamente. O que fazer?

CAPÍTULO 3

As diferenças do Eu maduro e do Eu imaturo

> **SEGUNDA REGRA DE OURO**
>
> Gerindo a mente: formando o Eu maduro

Precisamos entrar em camadas mais profundas do fascinante processo de formação da personalidade se desejarmos conhecer as regras ou ferramentas de ouro para educar filhos e alunos, bem como para prevenir transtornos emocionais. Todavia, não há como entrar nessas camadas sem falar da construção dos pensamentos, dos três tipos de memória e do despertar do mais profundo fenômeno psicológico: o Eu.

O Eu é o centro da consciência existencial, o líder de si mesmo, o autocontrole do sujeito, sua capacidade de escolha e identidade essencial. Ele começa a se formar desde o útero materno, se acelera na fase pré-escolar, se consolida na adolescência e amadurece na vida adulta, embora haja milhões de adultos com um Eu malformado.

Compreender o desenvolvimento do Eu como gestor da mente humana é a segunda grande regra ou ferramenta de ouro. Quem não é líder de si mesmo poderá ser um líder castrador, sabotador, vingativo ou autoritário, mas jamais será um líder social brilhante, inspirador, motivador, resiliente, democrático.

Há diferenças gigantescas entre um Eu saudável e um Eu malformado ou imaturo. Um Eu maduro não compra o que não lhe pertence, enquanto um Eu imaturo não tem proteção emocional. Ofensas, rejeições, perdas, decepções transformam a mente do imaturo em uma lata de lixo.

Um Eu maduro não tem medo de mapear seus erros, de se autoconfrontar, nem dificuldade de rever suas ideias e metas, enquanto um Eu imaturo detesta ser criticado, tem dificuldade de olhar para si mesmo e postula ser Deus, pois se nutre de verdades absolutas.

Um Eu maduro constrói seus projetos com a argamassa da paciência e com o tijolo da tolerância, enquanto um Eu imaturo os constrói com o cimento da ansiedade e com os blocos da inflexibilidade, quer tudo rápido e pronto, o tempo é seu carrasco.

Um Eu maduro é generoso e altruísta, pois percebe as dores e necessidades nunca expressas, enxerga o que as imagens não revelam, enquanto um Eu imaturo é tosco e grosseiro, só enxerga o que está a sua frente, por isso é rápido em julgar e lento em compreender.

Um Eu maduro é resiliente, sabe se reinventar diante das crises, os seus sofrimentos são seus professores e as suas perdas, suas mestras, enquanto um Eu imaturo paralisa-se diante das suas dores, e, por ser frágil, é um especialista em descrever sua falta de sorte e um perito em culpar os outros pelas suas desgraças.

Um Eu maduro é rápido em pensar e lento em reagir, reflete sobre as consequências dos seus comportamentos, enquanto um Eu imaturo é rápido em reagir, sem se importar com quem ferir, tampouco pensa a médio e longo prazo.

Um Eu maduro tem prazer em promover os outros, se alegra com o sucesso de seus pares, enquanto um Eu imaturo tem a necessidade de ser o centro das atenções sociais, deseja que o mundo gravite em sua órbita.

Alguns adultos têm uma idade emocional de dez ou quinze anos, embora tenham quarenta ou cinquenta anos biologicamente. Tiveram falhas gritantes em seu processo educacional. Sua educação racionalista abortou ou asfixiou a ferramenta básica lapidar: seu Eu como autor de sua história, como gestor de sua mente, enfim, como administrador de sua emoção e dos seus pensamentos. Há executivos que não sabem ser minimamente contrariados, há políticos que têm a necessidade neurótica de poder, há celebridades que creem que o sucesso é eterno, há médicos que acreditam que são deuses e empresários que têm certeza que o são. Todos apresentam um Eu avariado, fragmentado, malformado.

Não tenha ódio, ciúme ou sentimento de vingança de quem éególatra, tenha compaixão, pois não são felizes: antes de ferirem os outros, já violentaram a si mesmos. Durante milênios, achávamos que os egoístas e individualistas eram pessoas poderosas; hoje, sabemos que são frágeis, todos eles têm um Eu imaturo, mal-lapidado, mal-educado, incapaz de ser líder de si mesmo. São meninos com poder nas mãos.

Nada é mais profundo na mente humana do que o processo de construção do Eu. Ele é a ponte entre o inconsciente e o consciente, entre a memória e a expressividade das características da personalidade, entre o mundo racional e o universo emocional, entre o pensamento virtual e o mundo concreto.

Ao discorrer sobre esse processo, peço não apenas aos psiquiatras, psicólogos, sociólogos, pediatras, neurologistas e psicopedagogos, mas em destaque aos pais e professores que tenham paciência e perseverança. Trata-se de assuntos novos. Os próximos dois capítulos representam os pilares desta obra. Eles são vitais para oxigenar nossas mentes! E acredite que podemos compreendê-los, pelo menos minimamente.

O consciente e o inconsciente

A Teoria da Inteligência Multifocal (TIM), aqui expressa, não compete com outras teorias da psicologia, pedagogia, sociologia. Como ela trata dos alicerces da mente humana, dos fenômenos que leem a memória e constroem as ideias, a TIM abarca e complementa as demais teorias, mesmo antagônicas, como a comportamental, a cognitiva e a psicanálise. De acordo com a TIM, a memória se divide em três grandes áreas: Memória Genética (MG), Memória de Uso Contínuo (MUC), que é central e consciente, e Memória Existencial (ME), que é periférica e inconsciente. Tanto a MUC como a ME são memórias adquiridas através das experiências psíquicas vivenciadas desde a aurora da vida fetal até o último suspiro.

A MUC, como memória de uso contínuo, é a fonte consciente de matérias-primas para ler, escrever, falar, pensar, interpretar, enfim, realizar atividades intelectuais e emocionais diárias e contínuas. A ME, por sua vez, representa todas as milhões de experiências e dados que foram arquivados ao longo da história de cada ser humano. Os medos da época em que éramos bebês, os momentos de solidão, os amigos e as aventuras durante a primeira infância, todos estão lá, embora não sejam resgatados ou lembrados. Só em situações especiais ocorre o resgate de traumas, relações, vivências. Por exemplo, você ouve uma música e se lembra do primeiro beijo.

Vou usar a metáfora de uma cidade para explicar os três grandes tipos de memória e como coexistem e interferem reciprocamente, como "dançam" em conjunto a valsa do desenvolvimento da personalidade e da formação do Eu. Nessa metáfora, a genética representa o solo da cidade (a estrutura física do córtex cerebral e o metabolismo), tudo o que é edificado no centro da cidade representa a MUC (consciente) e o que está na imensa periferia da cidade, a ME (inconsciente).

Quando falo centro, me refiro ao centro de utilização. Você frequenta de 1% a 2% de sua cidade – ruas, lojas, espaços. Por isso, ilustrativamente, essa região central representa sua MUC, a memória de uso contínuo. Seu Eu, sua capacidade de escolha, frequenta a cada segundo a MUC para produzir pensamentos, ideias, imagens mentais, prazeres, angústias. A MUC o faz ter seus focos, nutrir suas relações atuais, seus projetos, seus sonhos, seus pesadelos, suas metas e expectativas. Com muito menos frequência, seu Eu e outros fenômenos que leem a memória, a serem estudados, percorrem a periferia da imensa cidade da memória, seu inconsciente, ou ME. Mas volta e meia você visita esses "bairros". E quando o faz, às vezes se alegra, outras se espanta.

Memória genética

Vamos comentar primeiro a memória genética. A luta pela vida é árdua. Cada espermatozoide tem de ser o melhor malabarista, o melhor nadador, o melhor alpinista "do mundo", para vencer mais de 40 milhões de concorrentes e fecundar o óvulo, e, assim, herdar a mais fascinante biblioteca, a biblioteca da vida, a carga genética.

A carga genética é única para cada ser humano, tanto na construção do biótipo, expresso por tamanho, forma, peso, altura, cor de pele, como na construção da complexa fisiologia, expressa entre outros elementos pelo metabolismo, pelos hormônios, pelos neurotransmissores cerebrais (serotonina, adrenalina, noradrenalina, acetilcolina e outros), pelos anticorpos etc. Você é o que é porque herdou uma sofisticada biblioteca que descreve a sua biografia.

A memória genética também é única para o comportamento, em especial através dos neurotransmissores cerebrais e do metabolismo no interior dos neurônios. Ela é responsável por produzir pelo menos **onze grandes características** que influenciam o processo de formação da personalidade e, consequentemente, do desenvolvimento do Eu:

1ª nível de reatividade aos estímulos estressantes;
2ª nível de sensibilidade nas relações sociais;
3ª limiar de suportabilidade à dor física e emocional;
4ª pulsações ansiosas;
5ª intensidade das manifestações instintivas: sede, fome, libido;
6ª capacidade de armazenamento de informações no córtex cerebral;
7ª dimensão da área que fará parta da ME;
8ª dimensão da área que fará parte da MUC;
9ª quantidade e qualidade das redes entre os neurônios;
10ª quantidade e qualidade das conexões entre as janelas da memória, a MUC e a ME;
11ª qualidade da receptividade de arquivamento das informações pelo fenômeno RAM (Registro Automático da Memória).

As habilidades do Eu irrigam um sucesso inteligente

Já foi o tempo em que ser gênio era ter uma excelente memória ou uma capacidade de armazenamento espetacular. Hoje, qualquer computador medíocre tem melhor capacidade que esse tipo de gênio, pelo menos de recitar informações.

Já foi o tempo em que para ter sucesso profissional bastava possuir muito conhecimento. Hoje, o Eu precisa adquirir outras habilidades, como articular dados, trabalhar em equipe, debater ideias, motivar colaboradores, inspirar sonhos, lutar por projetos, lidar com riscos, pensar a médio e longo prazo, liderar a própria mente antes de pessoas ou empresas.

Também já foi o tempo em que para construir um grande romance bastava amar ou ser apaixonado. Quem ama apenas com emoção se fragmentará quando surgirem os invernos existenciais. O amor tem de ser inteligente para ser sustentável. Hoje, são necessárias outras habilidades assimiladas e armazenadas na MUC e na ME para se conquistar sucesso emocional, tais como ser empático, carismático, simpático, bem-humorado, se preocupar com a dor dos outros, ser gestor da mente. Mas onde estão as escolas que ensinam os jovens a amar?

Não há dúvidas de que a influência genética pode ser marcante. Cada uma das características genéticas para o comportamento pode produzir uma reação em cadeia que influenciará o processo de interpretação e as experiências emocionais do feto, do bebê, da criança, do adolescente e do adulto. Usando uma metáfora, o solo e o clima – ou seja, a carga genética e o metabolismo cerebral, enfim, os "solos" – influenciam os alicerces, a estrutura, o padrão de segurança das casas e dos edifícios construídos na MUC e na ME ao longo da existência. Todavia, o Eu, como o grande construtor da mente humana, pode e deve ser educado para construções belíssimas e seguras em solos inóspitos, pantanosos, rochosos.

Se não fosse assim, pais depressivos, ansiosos, alcoólatras, gerariam filhos com as mesmas características. Felizmente, na práxis psiquiátrica, vemos que isso não é uma regra. Há filhos e alunos felizes, saudáveis, tranquilos, bem-humorados, que são filhos de pais traumatizados. De alguma forma, o Eu deles entrou em ação intuitivamente e começou a dar um choque de lucidez no caos socioemocional em que se encontrava. Mas seria melhor que houvesse uma educação rica e contínua para que filhos e alunos fossem educados para serem protagonistas das suas histórias, pois os riscos de se traumatizar num ambiente estressante é grande.

Perdas irreparáveis. Não só os ricos são sequestrados

Certa vez, um pai tinha um belíssimo relacionamento com seu filho de 30 anos. Trabalhavam e se divertiam juntos. Eram dois grandes amigos. O pai infelizmente teve um tumor na cabeça do pâncreas e logo veio a falecer.

O filho, embora casado, e tendo seus filhos, ficou perturbadíssimo. Desenvolveu uma depressão reativa frente à perda. Seu Eu, em vez de gerenciar sua emoção e homenagear seu pai sendo mais feliz, seguro e proativo, perdeu pouco a pouco o encanto pela vida, o prazer de trabalhar, a motivação para criar.

Quanto mais se angustiava pela ausência do pai, mais o fenômeno RAM, responsável por todo processo de arquivamento das experiências existenciais, arquivava janelas doentias ou Killer, com alto poder de sequestro. Era um homem aprisionado pela perda. Adoeceu. Não pense que só pessoas ricas podem ser sequestradas. Pode acontecer com qualquer ser humano, mesmo o mais miserável, no território da emoção. Não pense que só crianças desenvolvem janelas altamente traumáticas. Adultos também. Em qualquer época podemos adoecer se nosso Eu não aprender a proteger a emoção.

Perder filhos ou perder os pais são experiências emocionais inenarráveis. Embora a saudade nunca seja resolvida, o Programa de Gestão da Emoção nos ensina que deveríamos trabalhar nosso Eu para proclamarmos dentro de nós de múltiplas formas o seguinte: *"Por amor a quem perdi serei mais feliz! Não serei escravo desta perda, mas aplaudirei quem partiu todos os dias sendo mais saudável e seguro. Honrarei a história de meu pai ou de meu filho não me punindo nem punindo a vida, mas contribuindo para uma humanidade melhor!"*.

A melhor forma de honrar quem partiu, como digo no filme e no livro *O vendedor de sonhos*, é homenageá-lo com o cálice da alegria e não remoendo na lama da raiva, do ódio ou do humor depressivo. A forma mais inteligente é ser mais feliz, altruísta e solidário. Um grito surdo e contínuo deveria fazer parte do Eu que transforma perdas insondáveis em ganhos extraordinários, em presentes que o dinheiro não pode comprar.

A vida é um grande contrato de risco cujas cláusulas vitais não são escritas. Perdas fazem parte desse contrato, mas um dos maiores riscos é nos sepultarmos enquanto estamos vivos, enterrar o nosso prazer de viver e os nossos sonhos. Milhões de pessoas sepultaram a si mesmas, soterraram o que tinham de melhor.

Quando o paciente cuja história contei aprendeu a gerir sua mente, deu um salto sem precedente. Compreendeu que, sem proteção da emoção, estava desenvolvendo janelas traumáticas altamente aprisionadoras, chamadas de Killer duplo P (poder de ser inesquecível e poder de se retroalimentar e de encarcerar o Eu). Essas janelas se posicionam no epicentro da MUC. Honrou a história de seu pai, transformou as tempestades em oportunidades para cultivar.

Quem não reedita as janelas Killer, ainda que elas não sejam lembradas, as envia para a ME, ou memória inconsciente. Como tenho comentado, ela representa todos os extensos bairros periféricos arquivados no córtex cerebral desde os primórdios da vida. As fobias, o humor depressivo, a ansiedade, as reações impulsivas, as inseguranças, que não sabemos como surgiram nem por que surgiram, emanaram de leituras subliminares da ME, memória existencial ou inconsciente.

Sabe aquela solidão ao entardecer ou a angústia no domingo à tarde? E aquele medo da crítica social, as reações de ciúmes ou a preocupação excessiva com o futuro? Surgem dessas regiões. De repente, você viu uma pessoa que nunca esteve em sua frente, mas parece conhecê-la, ou um ambiente que jamais frequentou, mas jura que o conhece. Não há nada de supersticioso nesse processo, embora o Eu tenha uma tendência à atração pela superstição. Tudo é muito natural, fruto de uma leitura complexa e multifocal ocorrida em frações de segundo. Todas essas impressões são extraídas dos imensos solos da ME.

Os estímulos do presente (MUC) se cruzam com milhares de personagens e ambientes arquivados no passado (ME), gerando um movimento fascinante entre o consciente e o inconsciente no processo de formação da personalidade.

A reciclagem do lixo mental pelo fenômeno da psicoadaptação

Onde estão as apreensões e os prazeres que vivenciamos no desenvolvimento fetal? Estiveram na MUC no início mais incipiente do consciente, tão incipiente que são pré-conscientes, e hoje se localizam na ME, no inconsciente. Onde estão as aventuras, os medos, os riscos, as travessuras dos bebês e das crianças durante a primeira infância? Também se deslocaram da MUC para a ME.

Os abusos sexuais são crimes contra a saúde emocional pois formam janelas Killer duplo P (poder de ser influenciadora e poder de ser sequestradora). Alguns adultos, vítimas desse crime quando crianças, aparentemente não se lembram dessas experiências marcantes. Foram tão traumatizantes que permaneceram bloqueadas conscientemente, mas não emocionalmente – saíram da MUC, mas permanecem vivas na ME. Geram angústias, medo de se entregar, libido comprometida, irritabilidade, baixo limiar para frustrações, vergonha de si mesmo. Resgatá-las por meio do processo terapêutico e levar as crianças, os adolescentes e/ou os adultos a reeditá-las, a não serem escravos da agressão do seu algoz é vital para que tenham uma mente livre, contemplativa, generosa, inclusive consigo mesmos!

Não se pode mudar o passado, pois não se deleta a memória, mas pode-se reeditá-la, reciclar os conflitos no presente, pelo menos os traumas mais impactantes, através da lapidação e educação do Eu para ser o tanto quando possível o melhor autor para escrever o futuro... Caso contrário, o Eu será incapaz de dirigir o seu script, intervir em pensamentos perturbadores, impugnar emoções tensas.

Uma boa parte dos traumas de menor conteúdo sofrível, que envolve perdas e frustrações, é espontaneamente minimizada e até reciclada pelo fenômeno da psicoadaptação, portanto, deixa de ser influenciadora. Se não contássemos com esse fenômeno, que diminui a intensidade do sofrimento diante dos mesmos estímulos estressantes, um olhar atravessado, uma falha numa reunião de trabalho, um tropeço nas relações interpessoais, atitudes que geram *bullyings* diminutos, seriam angustiantes não apenas no momento, mas uma fonte inesgotável de estresse.

Quantas perdas você sofreu? E mágoas? E decepções? E reações fóbicas ou preocupações? Todos os psicólogos, psiquiatras e psicopedagogos deveriam estudar a atuação do fenômeno da psicoadaptação para reciclar espontaneamente o lixo mental de menor poder invasivo e destrutivo. Mas infelizmente os cursos de Psicologia ainda não entraram nessa última fronteira da ciência. Se não houvesse uma capacidade da emoção de se psicoadaptar aos estímulos estressantes diários, a ME se transformaria num cemitério de traumas "mortos-vivos", de experiências nunca resolvidas, que ficariam nos asfixiando a cada momento.

Todavia, apesar da atuação poderosa desse fenômeno inconsciente, ou seja, da psicoadaptação, há limites para a solução espontânea de experiências traumatizantes. Todas as experiências com alto volume emocional que produziram janelas Killer duplo P, como traições, crises financeiras, humilhações públicas, perdas de entes queridos, podem causar alto poder de aprisionamento. Nesse caso, a psicoadaptação pode não funcionar, podendo deprimir e/ou provocar altos níveis de ansiedade.

Quantos milhões de seres humanos não ruminam suas crises e frustrações? Elas foram tão poderosas que não apenas se tornaram inesquecíveis, mas foram lidas e relidas e retroalimentadas no presente. O trauma se agiganta quando o Eu malformado se torna refém de experiências de alto impacto emocional. Ele precisará das ferramentas aqui expostas para ganhar musculatura e autocontrole.

Os níveis de resiliência do Eu dependem da capacidade de psicoadaptar e reciclar os traumas de mais alto impacto emocional. Há empresários que faliram inúmeras vezes, passaram pelos vales do vexame, mas não se renderam, não tiveram medo de empreender novamente e por fim venceram.

Há parceiros ou parceiras que foram traídos, mas não feriram quem os traiu, ao contrário, trataram-no com elegância. Foram capazes de dizer: *"Você pode me abandonar, mas tenha certeza de que serei mais feliz, seja também feliz"*. O Eu dessas pessoas não foi frágil, punitivo, autopunitivo, autopiedoso, conformista, mas livre e inteligente. Pilotou bem a aeronave mental quando passava por altíssima turbulência. Não "vendeu" sua paz por um preço vil. E vocês, pais e professores, a que preço "vendem" a sua paz?

Mentes livres não culpam os outros, não odeiam quem os feriu, não remoem raiva, sentimento de vingança e ciúmes, pois sabem que essas emoções destroem principalmente o seu hospedeiro, ou seja, a si mesmas. Ensinar as crianças a os adolescentes a não vender sua paz por nada e por ninguém é turbinar o Eu delas para pilotar magistralmente a própria mente.

Por favor, leve em altíssima consideração essa ferramenta de ouro! Você se preocupa com a formação do Eu dos seus filhos e alunos? Ou é apenas um manual de regras apontando superficialmente o que é certo e errado? Talvez mais de 90% dos educadores sejam apenas manuais de regras. Comentarei isso no futuro, mas adianto no momento: quem é apenas um manual de regras de comportamentos, um apontador de falhas, está apto para consertar máquinas, mas não para formar mentes livres, criativas, resilientes, que jamais "vendem" sua saúde emocional e seu sono para as pessoas que o decepcionam.

Mentes hipersensíveis adoecem mais facilmente

Uma das características doentias da personalidade com a qual mais me preocupo é a hipersensibilidade. Os psicopatas são insensíveis, machucam e não se preocupam com a dor do outro. Os hipersensíveis, ao contrário, são antipsicopatas, vão para o outro extremo, são frequentemente ótimos para a sociedade, mas, ao mesmo tempo, carrascos deles mesmos. Vivem a dor dos outros, sofrem pelo futuro, pequenas ofensas os machucam muito, diminutas contrariedades os invadem. Pessoas assim, embora tenham excelente generosidade, adoecem emocionalmente com facilidade.

Sabe aquelas pessoas que têm todos os motivos para aplaudir a vida e são pessimistas, mórbidas, depressivas? São frequentemente hipersensíveis. Sabe aqueles profissionais que são invejados, muito bem-sucedidos financeira e socialmente, mas são tímidos, angustiados e nunca estão satisfeitos? Infelizmente, não têm proteção emocional. Constroem janelas traumáticas com facilidade em seu córtex cerebral. Fizeram seguro de vida, dos carros e das empresas, mas não de sua emoção; valorizaram o trivial, mas se esqueceram do essencial. E você, tem seguro emocional? E seus educandos?

Não devemos pensar que apenas os traumas e a hipersensibilidade são os vilões de um Eu doente! Pessoas bem-resolvidas, mas que desenvolvem a necessidade neurótica de trabalhar ou estudar descontroladamente, comuns no Japão, por exemplo, também adoecem. Profissionais que absorvem vorazmente todas as informações diárias sem selecioná-las podem adoecer com facilidade. Jovens fissurados em redes sociais acabam encarcerando suas emoções, não relaxam, não praticam esportes, não se aventuram, não contemplam o belo.

Essa tese daria calafrios em Freud se estivesse vivo: *Na atualidade, o ser humano não precisa ter experimentado traumas na infância para ser um adulto aterrorizado. Nesta sociedade digitalmente agitada, ele é suficiente criativo para ser algoz da sua própria mente, para criar vampiros que sugam sua energia emocional.*

CAPÍTULO 4

Limites são fundamentais

> **TERCEIRA REGRA DE OURO**
>
> COLOCAR LIMITES INTELIGENTES

O *bullying* é uma forma de produzir traumas poderosos e inesquecíveis. Ele pode surgir não apenas da relação aluno-aluno, mas também da relação executivo-colaborador, professor-aluno. A agressividade física e, principalmente, a socioemocional que pode envolver humilhação, apelidos, pressão, geram janelas Killer duplo P com alto poder de sequestro. No mundo todo, procura-se evitar o agressor, o que é completamente insuficiente. Em nosso programa Escola da Inteligência, que ensina gestão da emoção para crianças e jovens, procuramos de múltiplas formas proteger a mente do agredido, estruturar seu Eu para ser líder de si mesmo, o que faz toda a diferença no desenvolvimento da saúde emocional.

Certa vez, um aluno teve comportamentos desaprovados pela sua professora. Era conversador, alienado, e, embora esperto, um tanto irresponsável. Todavia, em vez de estabelecer limites no garoto com inteligência, conversando com ele, dizendo que apostava nele, que ele era inteligente, mas que seu comportamento poderia prejudicá-lo no futuro, ela levou para o campo pessoal. A alienação do aluno foi traduzida por ela como se ele a estivesse desprezando, as conversas paralelas foram traduzidas como desrespeito fatal a sua personalidade. Seu Eu "vendeu" sua paz por um preço débil.

Na primeira oportunidade, ela o feriu. O aluno teve um desempenho ruim em sua prova. Decepcionada com ele, ela atirou a prova dele no chão e o chamou de estúpido. O aluno falhou na prova, a professora falhou na vida. Alunos também podem intimidar e agredir professores, o que tem sido comum na atualidade pelo déficit grave de empatia da juventude. Mas temos que considerar que o *bullying* na relação professor-aluno, pelas enormes diferenças de poder, pode trazer consequências gravíssimas. Não estou falando de pequenas broncas, críticas ou atitudes exasperadas dos mestres, estou me referindo a atitudes que promovem a humilhação e a exclusão social.

A professora, em vez de exaltar o potencial de seu aluno, sua ousadia de escrever e realizar a prova, o ridicularizou na frente de seus pares, construiu uma janela Killer duplo P na MUC. O Eu do garoto leu e releu a atitude da professora constantemente e arquivou novas janelas, formando uma zona de conflito.

Muitos que sofrem *bullying* conseguem se reciclar e escapar da órbita da dor. O fenômeno da psicoadaptação, somado à atuação do Eu, faz com que se tornem resilientes. Mas de modo geral o *bullying* não resolvido é uma forma atroz de sabotar o desenvolvimento do Eu.

Os anos se passaram e nunca mais o aluno se sentiu confortável para fazer uma prova. Diante delas, acessava a zona Killer, produzia alto volume de tensão, que estressava seu cérebro, levava-o a ter taquicardia e suar frio e, pior ainda, bloqueava o acesso às janelas que continham as informações que aprendera. Chorou sem derramar lágrimas. Tinha de estudar o dobro dos seus colegas para ter um desempenho intelectual razoável, não poucas vezes insatisfatório. A humilhação da professora não lhe saía da cabeça, competindo com seu prazer de estudar e sua liberdade de pensar. Pagou preço caríssimo.

Pais e professores são os seres humanos mais notáveis do teatro social, mas, quando não gerenciam suas emoções, podem produzir um teatro de terror. Em cinco segundos você não faz um brilhante discurso, apenas profere algumas palavras, mas, sob o ângulo da teoria das janelas da memória, em cinco segundos podemos mudar uma história para o bem ou para o mal, produzir sequestros da felicidade e da liberdade. Pais que dizem aos filhos no pico do seu estresse: "Você só me decepciona!". Professores que expressam nos focos de tensão aos seus alunos: "Você não vai virar nada na vida!". Eles não estão colocando, em hipótese alguma, limites inteligentes. Estão, na realidade, produzindo janelas Killer duplamente poderosas, com capacidade de ser inesquecíveis e poder de ser relidas e retroalimentadas.

Em nossa história, o aluno formou-se em uma faculdade e logo conseguiu um emprego. Aparentemente, não se lembrava mais do seu conflito, que se localizava na ME, no inconsciente. Criticado pelos seus colegas, deslocava as janelas Killer da ME para a MUC, o que o fazia suar frio, perder o autocontrole, ter dificuldade de dar respostas inteligentes nos focos de tensão. Exasperava-se.

O fantasma do passado o perturbava, sem que ele o localizasse. Seu conflito passou a interferir em como ele via a vida e reagia aos eventos. Depois de muito esforço e disciplina, subiu de cargo, tornou-se gerente. Mas, em vez de ser afetivo, generoso, tolerante com quem errava ou tinha dificuldade, começou a reproduzir o comportamento de sua educadora com ele. Elevava o tom de voz, feria quem pensava diferente, fazia questão de mostrar que ele era a autoridade máxima. Não inspirava seus pares, eles o temiam. Era um escravo vivendo em sociedade livre!

Certo dia, escreveu um plano de negócios e levou para o presidente da empresa. Estava apreensivo. O presidente leu e não gostou: "Está ruim! Refaça!". Alguns que estavam presentes na sala presidencial sorriram. Tudo bem, era só refazê-lo, mas quem tem baixa autoestima distorce a realidade, leva para o campo pessoal. Seu Eu era um péssimo piloto da aeronave mental. Não se interiorizou e nem desenvolveu um silêncio proativo (calar-se por fora e reagir por dentro). Foi incapaz de bradar em sua mente. "Agora é que vou fazer o melhor plano de negócios. Vou dar tudo de mim para surpreender meu presidente e os demais colegas".

Porém, mais uma vez, foi refém do seu passado. Disparou o gatilho da sua memória (um fenômeno inconsciente), abriu as janelas Killer que tinham a imagem da professora e as críticas que havia recebido. Trouxe seu conflito novamente dos solos do inconsciente para o consciente, da ME para o centro da MUC. Fechou o circuito da memória. Ficou cego. Explodiu, levantou a voz e ofendeu o presidente. "Quem é você para me julgar? Você é arrogante! Não aceito essa humilhação!" Perdeu o emprego.

Seremos sempre reféns do passado? Toda construção do presente vem de registros passados, inclusive as informações da MUC. Todavia, é quase impossível reescrever toda a "biblioteca da personalidade" de um ser humano. Entretanto, a teoria das janelas da memória nos traz uma grande esperança: se resolvermos algumas das janelas Killer estruturais do passado contidas na ME, e, principalmente, se reconstruirmos as janelas traumáticas arquivadas na MUC, poderemos viver dias surpreendentemente saudáveis e regados de prazer.

Se não fosse assim, crianças vítimas de guerras, desastres naturais, perdas dos pais não teriam chance alguma de serem felizes. Mas mesmo em zonas de guerras as crianças brincam. A plasticidade mental ocorre porque o Eu pode mergulhar nos lagos da MUC, navegar nele, ainda que o oceano da ME esteja muito poluído.

As psicoterapias comportamentais-cognitivas enfatizam a superação das causas e dos sintomas, enfim, querem atuar na MUC. Do outro lado, as psicoterapias analíticas atuam na ME, querem debelar os focos de tensão no inconsciente. Quem está correto? As duas. O ideal seria uni-las. Todavia, enfatizar só a ME é inadequado, pode ser um processo lento para quem tem uma crise fóbica ou depressiva. Reitero: o ideal é reeditar alguns traumas do inconsciente, do passado, e irrigar e cuidar dedicadamente do jardim do presente ou do consciente. Bem-vindos aos bastidores da mente humana!

Limites com inteligência

Educar os filhos para serem reis ou atores democráticos: eis a questão. A terceira regra ou ferramenta de ouro para educar filhos e alunos saudáveis é colocar limites com inteligência. Toda criança e jovem precisa de limites. Limites inteligentes nos protegem, nos fazem lidar com a liberdade, os riscos, as barreiras, as dificuldades.

Limites inteligentes nutrem o Eu para ser um ator social, para estabelecer os seus direitos e deveres. Sem limites, o Eu se torna um ditador, inclusive autodestrutivo. As sociedades humanas são fontes de liberdades reguladas por inúmeros limites, da velocidade dos carros à altura do som, das filas no caixa do supermercado aos deveres civis.

Os limites devem ser inteligentes, não castradores nem sabotadores ou punitivos, mas promotores da formação do ser humano como líder de si mesmo, como ser autônomo, protagonista de sua história e corresponsável pelo bem-estar social.

As famílias e as escolas não são democracias, mas berços para o desenvolvimento da democracia, um canteiro para a liberdade e a responsabilidade florescerem juntas. Pais frágeis tendem a dar às crianças os mesmos direitos que eles têm, não conseguem colocar limites. Escolas permissivas também tendem a oferecer liberdade excessiva para seus alunos, o que compromete o desenvolvimento do Eu.

Os filhos não têm os mesmos direitos que os pais, e nem podem ter. Uma criança não deve dormir a hora que quer e, se os pais assim o permitirem, estarão educando seres humanos irresponsáveis com a própria saúde física e mental.

As crianças não podem almoçar e jantar no horário que desejarem ou se alimentar só com o que gostam, pois irão se nutrir com alimentos industrializados com altíssimos níveis calóricos e alto teor de sódio, desenvolvendo riscos de obesidade e outros transtornos.

As crianças e os adolescentes não podem jogar videogames e usar o celular sem limites e contrapartidas, por exemplo, ler livros e ajudar no bom funcionamento das famílias. Caso contrário, os filhos serão intoxicados digitalmente, desenvolverão ansiedade, insatisfação crônica, dificuldade de lidar com estresse e elaborar experiências.

As crianças e os jovens têm muito mais direitos do que seus pais: direito de estudar, brincar, praticar esportes, curtir os amigos, se aventurar. Além disso, os pais deixam de dormir para que elas tenham um bom sono, adiam alguns sonhos para que elas possam sonhar, labutam arduamente para que seus filhos tenham suas necessidades supridas. No entanto, muitos filhos não reconhecem a grandeza e o valor dos seus pais. Não demonstram gratidão.

Mas quem são os culpados, os pais ou os filhos? Os pais. Gratidão não é um dom genético, mas uma habilidade socioemocional complexa. Os pais estão errados se ofereceram aos filhos uma vida extremamente fácil, sem limites, sem contrapartidas, só com direitos. Não ensinar-lhes deveres básicos e nem lhes atribuir responsabilidades gera autoritarismo, consumismo e ingratidão. Se tiverem a oportunidade, os jovens podem estar a um passo do uso de drogas.

Filhos sábios deveriam respeitar seu corpo, seus pares, seus pais. Mentes brilhantes sabem que a vida é brevíssima para se viver, mas longuíssima para se errar, inclusive consigo mesmo. Alunos inteligentes aprendem a se colocar no lugar dos outros e a pensar nos seus atos.

Pais felizes têm mais chances de formar filhos felizes. Pais mal resolvidos tendem a dar em excesso para os filhos aquilo que não tiveram. E tudo em demasia pode ter graves efeitos colaterais, até beber água.

Os pais deveriam ter os filhos em altíssima conta, mas não deveriam deixar de viver suas vidas, ter projetos, lutar pelos seus sonhos. Deveriam namorar mais entre si, viver uma existência emocional e social agradável. Amar os filhos não quer dizer se anular por eles, ser permissivo, fazer todos os seus gostos e atender a seus pedidos com urgência. A maior urgência é transformá-los em autores de sua própria história.

Educadores inteligentes colocam limites inteligentes para seus filhos e alunos. Respeitando a cultura, a religião e o nível social das famílias, vou dar alguns exemplos de limites inteligentes.

8 limites inteligentes fundamentais

Limite 1 – Ter educação financeira

Numa sociedade consumista, que nos transforma em compradores em potencial, que não se importa com o futuro emocional das crianças e dos jovens, controlar gastos é vital, economizar é essencial. Por isso, dar mesadas pode ser uma fonte importante de limites. Ter, desde cedo, mesadas e não dinheiro em abundância é vital para não gerar adolescentes consumistas desenfreados, famintos por novas roupas, tênis, aparelhos. Ter acesso a muito dinheiro e bens materiais pode ser uma desvantagem emocional, gerar janelas Killer que superexcitam uma mente insaciável, fazendo crianças e adolescentes a mendigar o pão da alegria.

Não apenas a falta de dinheiro empobrece, mas sua presença sem controle pode empobrecer a personalidade, asfixiar a generosidade, o altruísmo, o prazer de viver, a resiliência, a autonomia. Os jovens devem gerir sua emoção para saber que rico é aquele que conquista o que o dinheiro não pode comprar, como amor, autoestima, cooperação, ousadia, capacidade de empreender. Filhos que não têm limites em seus gastos não terão limites na vida.

Limite 2 – Arrumar a cama

Ensinar que a cama é um solo sagrado para repor energia física e mental é importantíssimo. Arrumar a cama pela manhã após uma agradável noite de sono deveria ser um ritual prazeroso e não tedioso, capaz de fomentar a disciplina e contribui para formar meninos e meninas responsáveis.

Limite 3 – Guardar pratos e talheres

Tarefas simples que não afetam o corpo das crianças e adolescentes, mas que os levam a fazer parte do grupo familiar são fundamentais para que entendam que a família é um time. Nesse time, todos participam e se ajudam. Os filhos não estão no banco de reserva. Eles devem se sentir atores fundamentais no teatro familiar.

Ser concebido dependeu dos pais, nascer dependeu dos médicos, andar dependeu dos adultos, aprender dependeu dos professores, comer dependeu do agricultor que cultivou os alimentos e de quem os preparou, até ao morrer dependerá de alguém para os enterrar. Somos sempre dependentes das pessoas, por isso, a gratidão é vital para a saúde emocional e a cooperação é fundamental para a saúde social.

Quem só tem direitos e não deveres se torna um pequeno ditador. Quem não aprende desde cedo a lidar com limites será egocêntrico, transformará seus pais em seus serviçais, desejará que o mundo gravite em sua órbita.

Limite 4 – Realizar tarefas escolares

Tarefas da escola são sagradas e devem ser feitas com ritmo e disciplina, embora saber estudar seja mais importante do que o tempo que se dedica ao estudo. Desde a educação infantil, as crianças deveriam ter prazer em estudar. A escola deveria ser encarada como um restaurante do conhecimento, não como uma fonte de tédio. Por isso, as regras para um professor brilhar em sala de aula que preconizo neste livro são vitais.

Pais e professores deveriam mostrar que fazer tarefas da escola não é um sacrifício, mas um oásis. Mas não queira convencer um adolescente que nunca foi disciplinado a estudar, de que tarefa escolar é um paraíso. É necessário começar desde a infância.

Desde cedo, as crianças devem crer que são inteligentes, capazes e importantes para a família, a sociedade e a escola. Cada progresso, cada resposta e até mesmo cada crise devem ser aplaudidos para se formar janelas Light saudáveis, para desenvolver habilidades socioemocionais e formar um Eu forte, seguro, ousado e afetivo. As crianças devem aprender a ter prazer de estudar não para as provas, mas para a vida. O conhecimento precisa ser uma aventura.

Alunos deveriam entender que matéria dada é matéria estudada e matéria estudada é matéria recordada. Estudar de quinze a trinta minutos a matéria dada do dia e recordar por cinco seus pontos principais ou síntese nas semanas seguintes é uma forma de pulverizar os arquivos dentro da MUC e dar um salto no rendimento intelectual.

Pais não deveriam ser babás dos seus filhos, fazendo tarefas por eles ou cobrando responsabilidade. Se não fizerem tarefa escolar tão logo almocem e descansem, explique a necessidade e mostre as consequências. Não terão celular, games, TV e outras coisas de que gostam por um período. Simples assim, sem elevar o tom de voz e se irritar.

Limite 5 – Usar celulares com inteligência

Nas últimas entrevistas de Steve Jobs, ele contou que não permitia que seus filhos usassem Iphone. Pelo menos, acredito, não em excesso. Como vocês verão posteriormente, a intoxicação digital é uma fonte de ansiedade. Cada pai deve estabelecer seus próprios limites para os filhos, mas em tese darei sete princípios:

1. Nunca usar celular duas ou três horas antes de dormir, pois excita a construção de pensamentos e afeta o sono.
2. Crianças de até 5 a 7 anos não deveriam usar celular, mas brincar, ter contato com a natureza, se aventurar.
3. Crianças de 7 a 10 anos deveriam usar meia hora por dia para não asfixiar a capacidade de contemplar o belo, praticar esporte e elaborar experiências.
4. Pré-adolescentes deveriam usar uma hora por dia, meia hora após a tarefa de casa e meia à tardezinha, após as atividades e as brincadeiras.
5. Adolescentes deveriam usar no máximo de uma a duas horas por dia, inclusive as redes sociais. Jamais

devem substituir a conexão real consigo e com os outros pelo contato virtual.

6. Adultos, a não ser que usem o celular como instrumento de trabalho, deveriam também usar aplicativos e redes sociais no máximo de uma a duas horas por dia em horários programados, para não se viciarem.

7. Todos os membros de todas as famílias "modernas" deveriam se proibir de usar celular quando estão ao redor de uma mesa, sabendo que desrespeitar essa última regra de gestão da ansiedade é desrespeitar a saúde social. É um crime emocional os membros da família não olharem nos olhos um do outro e não dialogarem. São exemplos de famílias emocionalmente falidas!

Alguém poderia dizer: "Mas usar apenas uma a duas horas por dia não é pouco?". De modo algum. Vivíamos há poucas décadas sem celulares e havia menos depressão, ansiedade, doenças psicossomáticas. Os celulares são importantes para os filhos se comunicarem com os pais e para os pais localizarem os filhos, mas isso não é desculpa para usar seus aplicativos descontroladamente. Smartphones viciam como drogas, promovem ansiedade, irritabilidade, inquietação, ainda que tenham trazido benefícios para a comunicabilidade, acessibilidade e produtividade. Estudaremos isso.

Limite 6 – Usar games com inteligência

Novamente, os limites dependem dos pais. Mas, em minha opinião, não se deveria jogar video game mais do que uma ou duas horas diárias e apenas duas ou no máximo três vezes por semana. Tenho dado conferências para inúmeros magistrados e educadores e comentado com tristeza sobre o assassinato coletivo da infância. A infância é a fase mais importante para se formar plataformas de arquivos que estruturam as características mais importantes da personalidade, inclusive a empatia e a capacidade de trabalhar frustrações. Smartphones e video games são duas causas importantes desse pernicioso assassinato.

Jogar videogames não é praticar esportes. Alguns games não violentos estimulam a concentração, a elaboração do raciocínio, a construção do pensamento estratégico, enfim, promovem a cognição. Mas mesmo esses devem ser usados com maturidade. Os movimentos rápidos, a troca de cenas e surpresas dentro dos games têm efeitos colaterais, moldam a mente humana num ritmo frenético, o que turbina a ansiedade e a insatisfação crônica.

O usuário de videogames desenvolve sede dessa avalanche de estímulos no meio ambiente social, mas não a encontra, o que o faz se entediar com frequência. A rotina, que muitas vezes é inevitável, se torna um cárcere para meninos e meninas que se expõem muitas horas diárias aos video games.

Limite 7 – Ter horário para a prática de esportes

Esportes deveriam ser encorajados. Os jogos coletivos desde cedo levam as crianças e os jovens a aprender a lidar com limites, competir, enfrentar frustrações, trabalhar em equipe e cooperar com os colegas. Filhos e alunos que não praticam esportes, embora existam exceções, têm tendência a ter sono de pior qualidade e menor limiar para suportar frustrações.

Limite 8 – Saber conquistar

Saber esperar é fundamental. Querer tudo rápido e pronto é colocar combustível na ansiedade. Devemos suprir as necessidades dos filhos e, dentro do possível, dar alguns presentes para alegrá-los, distrai-los, envolvê-los. Mas atender aos pedidos das crianças e dos jovens na velocidade que querem os desprepara para a vida.

As principais coisas da vida são conquistadas lentamente. E todas as conquistas implicam perdas pelo caminho. Lidar com o tempo e com as adversidades é amadurecer o Eu como piloto da mente. Dar excesso de presentes, como estudaremos, gera miserabilidade emocional. Vicia a mente humana a precisar de muito para sentir pouco.

Quanto mais cedo colocam-se limites, melhor serão aceitos. Querer que um jovem de 12 anos que nunca foi educado para arrumar sua cama ou colocar seu prato sobre a pia realize essas tarefas com alegria de uma hora para outra é uma atitude ingênua. Coloque limites desde a infância, mostre como é importante e prazeroso ajudar no bom desempenho da família. Comente que ele é um elemento vital nesse time.

Querer que um adolescente de 16 anos ajude com prazer a pegar alguns papéis jogados no pátio da escola é igualmente ingênuo. Mas educá-lo desde cedo a entender que o planeta Terra está gemendo e que precisamos cuidar dele educa o Eu a ser participativo e não egoísta.

Claro, os pais, se colocarem em prática as demais regras de ouro deste livro, encantarão seus filhos, serão seus heróis, cativarão o território de suas emoções, o que facilitará a aplicação de limites. Pais entediantes terão dificuldades.

Muitos pais não educam seus filhos para viver saudavelmente numa democracia, onde há deveres e direitos, mas num reino onde eles são reis e as demais pessoas, seus servos. Pais que não colocam limites claros e inteligentes para seus filhos serão seus reféns, terão dificuldades de formar mentes livres e autônomas e facilidade de formar mentes autoritárias e ansiosas.

CAPÍTULO 5

O educador é um pacificador da mente de seus educandos

> **QUARTA REGRA DE OURO**
>
> PACIFICAR A MENTE DOS
> FILHOS E ALUNOS

Pacificar a mente de nossos filhos e alunos é acalmá-los quando estão desesperados, abrandá-los em momentos de estresse ou birra, e, acima de tudo, levá-los a enfrentar seus fantasmas mentais, a impugnar seus medos, gerenciar sua ansiedade, administrar suas perdas e frustrações. Essa regra ou ferramenta de ouro é multifocal; para compreendê-la e aplicá-la precisaremos das demais ferramentas expostas nos outros capítulos. Portanto, este capítulo servirá apenas como uma introdução.

Muitos pais deixam de colocar limites em seus filhos para evitar suas birras, seus escândalos e suas crises emocionais, uma falha tremenda. Essa atitude não pacifica a mente deles, apenas esconde seus fantasmas. No fundo, os estão criando numa estufa. Quando caírem na vida, quando deixarem as asas dos pais, não terão anticorpos emocionais para suportar crises, conflitos, competição predatória, percalços da existência.

Alguns pais adotivos evitam colocar limites em suas crianças para tentar compensar a angústia de não tê-los gerado biologicamente. Dão-lhes uma liberdade desinteligente e excessiva, o que é um erro dramático. Pais adotivos não devem se sentir diminuídos e nem saturados de medo pelo futuro. Aplicar as ferramentas de ouro para formar um Eu saudável pode ajudá-los muitíssimo.

Sinceramente, acho que deveria ser riscada do mapa educacional a palavra "adotivo". Não existem pais adotivos para o Programa de Gestão da Emoção, o que existe são pais psicológicos ou emocionais. Os pais que adotaram uma criança só não são pais da MG (Memória Genética), mas são verdadeiros pais da MUC (Memória de Uso Contínuo) e da ME (Memória Existencial), as duas memórias fundamentais para nutrir o complexo processo de formação da personalidade.

Ainda que os pais tenham adotado um adolescente e não uma criança, portanto, MUC e ME já estão razoavelmente formadas, é possível, com as ferramentas de gestão da emoção, influenciar o desempenho da personalidade. Ninguém é imutável, desde que o Eu seja educado, lapidado, treinado para, ainda que com dificuldades, ser protagonista da sua história.

Nada é mais belo do que tirar crianças de casas de acolhimento e adotá-las, não importa a idade. Quem age assim brinda a humanidade. Espero que muitos, ao lerem esta obra, possam se encorajar a tirar essas crianças da solidão, dando-lhes o direito a um lar. Quem acolhe uma criança irriga sua felicidade e saúde emocional, vacina-se contra a toxidez da própria solidão.

Milhares de janelas contendo milhões de experiências tanto do centro consciente (MUC) como do inconsciente (ME) vêm em destaque da relação com os educadores. Portanto, as características socioemocionais fundamentais para a existência de um ser humano, como pensar antes de reagir, colocar-se no lugar do outro, trabalhar perdas e frustrações, altruísmo, segurança, autocontrole, se nutrem dessas janelas.

Todos os pais e professores deveriam ser treinados para pacificar com brandura e firmeza, com determinação e explicação, as crises e frustrações dos seus filhos e alunos. Os pais, em destaque, deveriam perguntar sobre as dificuldades ocultas deles, que medos os abarcam, que pesadelos os perturbam. Deveriam indagar se por ventura sofreram *bullying*, se sentem exclusão, intimidação. Quando estudarmos o diálogo entre pais e filhos, trataremos melhor desse assunto. Todavia, pacificar as mentes deles é vital para formar indivíduos brilhantes e saudáveis. O educador é um pacificador da mente das crianças e dos jovens.

Técnicas para pacificar a mente nos focos de tensão: birras e escândalos

Pais e professores que não penetram em camadas mais profundas da mente dos seus filhos e alunos tratam dos sintomas e não das causas, aplicam anestésicos, mas não atingem as feridas, vivem na superfície da educação.

Quase todos os anos falo para milhares de psicólogos. Não estou dizendo que pais e professores deveriam substituí-los, pois não são psicoterapeutas, mas estou afirmando que pais e professores deveriam usar técnicas de gestão da emoção para proteger a mente deles como forma de prevenir transtornos psíquicos. Essa é uma tarefa da educação, não da psicoterapia.

Birras ocorrerão, estresses surgirão. Birras podem ser um sinal de crianças saudáveis, determinadas, ousadas, mas que ainda não aprenderam a ter limites, que chantageiam para obter vantagens. Lembrem-se das diferenças entre um Eu maduro e um Eu imaturo. O Eu delas ainda é infantil. Não entre nesse jogo, não seja plateia: brigar, elevar o tom de voz, entrar em conflito, pode reforçar comportamentos inadequados, além de asfixiá-las mais ainda.

Crianças, em destaque adolescentes, são peritas em fazer comparações ("Meus colegas têm, mas eu não!"), pressões, jogar pesado. Tudo isso faz parte do processo de formação da personalidade. Seja generoso, mas firme.

Confira 6 **estratégias** para pacificar a mente das crianças nos focos de tensão: 1) Não tenha medo das birras, a tempestade vai passar; 2) Primeiro pacifique a sua ansiedade, depois, a delas, não se desespere; 3) Não grite e nem queira dominá-las a força; 4) Fale mansamente quando elas estão gritando ou estão tensas, diminua o tom de voz, deixe-as constrangidas com sua inteligência e brandura; 5) Reforce que só irá conversar quando elas se acalmarem; 6) Saiba que seu objetivo não é adestrar a mente dos seus filhos e alunos, mas ensiná-los a pensar, é formar um ser humano inteligente, um ator social produtivo e sábio, e não um servo.

Se usar essas estratégias, você será um pacificador da mente humana em crise, um engenheiro de janelas Light nos solos da MUC. Essas janelas farão com que pouco a pouco o Eu delas amadureça. Mas não espere resultados do dia para a noite. As características de personalidades saudáveis dependem de centenas de arquivos ou janelas. Os resultados vêm com as semanas e os meses. Persevere.

Às vezes, pacificar a mente significa silenciar e esperar que se acalmem. Reitero: atuar como plateia das manhas, artimanhas, espetáculos dos filhos e alunos, com gritos, atritos e brigas, além de registrar janelas Killer neles, expande a síndrome do circuito fechado da memória, faz com que continuem a repetir o ritual doentio das birras e dos escândalos.

Crianças muito bem-comportadas e superobedientes devem chamar nossa atenção. Se forem alegres, sociáveis, criativas, não devemos nos preocupar, mas se viverem isoladas, cabisbaixas, superapegadas aos seus pais, pode ser um sinal de depressão, abuso sexual, *bullying* crônico, estado fóbico ou timidez volumosa.

Eu sempre dialoguei muito com minhas filhas sobre seus conflitos e suas dificuldades. Elas aprenderam a se abrir comigo, a falar dos seus temores, a relatar suas crises emocionais. É surpreendente: em alguns momentos elas estavam aparentemente vivendo um excelente oásis, mas por dentro experimentavam um intenso deserto. Elas me amavam ao ajudá-las nessa travessia.

Por favor, converse com seus alunos mais irritadiços, inquietos, agressivos, alienados, a parte dos outros alunos. Pergunte que fantasmas emocionais os assombram. Pacifique-os. Façam isso com seus filhos continuamente.

Quantos gravíssimos conflitos poderiam ser evitados se pais e professores penetrassem no território da emoção dos seus educandos, até para encaminhá-los para um psiquiatra ou psicólogo, se for o caso. É fundamental perguntar sobre os sofrimentos que as crianças e os adolescentes por ventura vivem sem coragem de expressá-los, se alguém está de alguma forma abusando deles ou os constrangendo.

Lembro-me de uma diretora de escola que, após assistir a uma de minhas conferências, levantou-se diante da plateia e em lágrimas disse que fazia pouco tempo que tinha sido procurada por uma aluna, mas, atarefada, não prestou atenção no semblante dela. Adiou para outro dia. Todavia, não deu tempo: a garota se matou...

Há milhares de jovens que estão à beira do suicídio esperando que alguém indague sobre seu drama, que os abrace num momento difícil, que lhes pergunte por que eles estão ansiosos e agressivos, que seja capaz de lhes dizer palavras simples, mas impactantes: "Eu acredito em você" ou "não tenha medo da vida, tenha medo, sim, de não vivê-la intensamente" ou ainda "eu já passei por tempestade emocional semelhante. Espere, em breve o sol vai raiar".

Infelizmente, na era da indústria do lazer estamos diante da geração mais triste de todos os tempos. Nunca o Eu foi tão malformado, um diretor tão frágil de uma aeronave que vive em constante estado de turbulência. Aumentamos em 40% o índice de suicídios entre jovens de 10 a 15 anos. Uma estatística mundial tristíssima.

Tipos de pais não pacificadores da mente de seus filhos

Pais e professores cartesianos, racionalistas, não sabem lidar com as turbulências que ocorrem na mente dos seus filhos e alunos. Ao primeiro sinal de alarde, já os enviam para a psicoterapia. Eles se eximem de responsabilidade, pois têm receio de entrar no campo minado da emoção, numa esfera que não dominam. Erradíssimo! Confie na própria sensibilidade, maturidade e capacidade de corrigir rotas.

Lembre-se que você não deve impor obediência cega para mostrar que em sua família existe uma autoridade, que quem manda é você. Isso é estupidez. Ainda que nossos filhos deem alguns escândalos na frente dos outros, o importante não é perder algumas batalhas, mas vencer a guerra, ou seja, formar pensadores, mentes brilhantes. A verdadeira autoridade vem da sabedoria, emana de um Eu maduro, que é primeiramente líder de sua mente para depois liderar a de seus filhos e alunos.

Não bata, não machuque seus filhos, não seja austero em excesso, não os humilhe em público, não seja um construtor de janelas traumáticas no córtex cerebral deles. Seja um sábio, um pacificador e não um fator de estresse na vida de quem ama. Você vai aprender muitas técnicas aqui, ligadas à fronteira mais complexa da mente humana, a gestão da emoção. Essas técnicas são muito mais eficientes e inteligentes do que a punição física. Uma delas é a TTE (Técnica da Teatralização da Emoção).

Tenha sempre em mente que educar é semear com paciência e colher com perseverança. Seu objetivo como educador não é um resultado imediato, mas contribuir para que crianças e jovens tenham um Eu maduro, lúcido, crítico, autocontrolado.

A seguir, vou mostrar alguns tipos de posturas inadequadas dos pais na educação dos filhos que deveriam ser recicladas de todas as formas. Há muitos tipos, e citarei no momento apenas os mais relevantes. Se você se encaixa em algum deles, não se culpe, recicle-se, não desanime, mas se reinvente, pois, ainda que seus filhos já estejam formados, é sempre tempo de pedir desculpas e começar a usar ferramentas de ouro para construir pontes e estradas em terras devastadas. Os mais deslumbrantes oásis nascem nos mais cálidos desertos. Nunca é tarde para recomeçar.

1º Pais superprotetores

A superproteção não gera defesas emocionais para que as crianças sobrevivam numa sociedade estressante. Produz inúmeras janelas Killer na MUC que faz com que os filhos não evoluam sua personalidade, não saibam ouvir "não", sejam frágeis diante das rejeições, apresentem dificuldades de se levantar dos tropeços e de se reinventar ao passar pelos vales das derrotas.

Pais que satisfazem todos os desejos dos filhos formam reis e não seres humanos comuns. Pais que dizem "não" e depois recuam dando o que os filhos querem, por não suportarem a irritabilidade deles, formam um Eu controlador, arrogante, que irá às últimas consequências para obter o que querem.

2º Pais workaholics

Esses pais trabalham em excesso, não têm tempo nem para eles, quanto mais para quem amam. Alguns se sentem culpados por não se dedicarem aos filhos o quanto eles merecem. E para aliviar o sentimento de culpa, erram, comprando o mundo para as crianças, o que as torna mais vazias e insatisfeitas.

O tempo quantitativo é importante, mas o tempo qualitativo é vital. Não adianta ter muito tempo e ser um educador crítico, impaciente, intolerante, inepto para impactar seus filhos. Usar ferramentas que comentarei no pouco tempo disponível dos pais para trocar experiências, encantar, envolver, penetrar no mundo dos seus filhos é essencial.

3º Pais emocionalmente instáveis

Pais que dizem "sim" e depois voltam atrás, que uma hora prometem e na outra traem suas promessas, que num momento elogiam e depois agridem tornam-se engenheiros das janelas mais traumáticas da personalidade. A MUC como centro da consciência do psiquismo precisa ser um porto seguro para o Eu se ancorar.

A instabilidade dos pais produz um efeito sanfona na emoção dos filhos. Num momento estão alegres, noutro, triste; num período têm sonhos, noutro, recuam timidamente frente ao primeiro obstáculo. São pessoas que sonham muito, mas não materializam seus sonhos. Sua emoção é uma gangorra, flutuante, eles não têm maturidade para suportar as intempéries da vida.

4º Pais explosivos

Pais explosivos são uma bomba cerebral ambulante. Quando são minimamente contrariados, elevam o tom de voz. Se a agenda muda, se um filho não corresponde às suas expectativas, se sua companhia o decepciona, é motivo para perder a estribeira.

Pais explosivos não têm um mínimo de autocontrole. Seu Eu é autoritário, impõe e não expõe suas ideias. Pressionam tanto seus filhos a seguirem suas ordens que formam mentes servis em vez de livres. Às vezes, seus filhos saem à sua imagem e semelhança, reproduzem sua explosão, agressividade e reações exasperadas, pois têm muitas janelas Killer duplo P que os sequestram.

5º Pais ansiosos

De todos os tipos de pais, nada é mais comum do que os ansiosos. Eles têm dores de cabeça, sofrem pelo futuro, preocupam-se demais com tudo e com todos. A mente deles não descansa, não se tranquiliza. Alguns pais são tão impacientes que apresentam dificuldade de conviver com pessoas lentas.

Há mães agitadas que não suportam ver seus filhos falando calmamente e comendo devagar que já gritam: "Meu filho é autista!". Elas são estressadas e estressam todos ao seu redor. Pais ansiosos têm tendência a gerar filhos ansiosos. Imprimem tantas janelas que financiam a tensão e a irritabilidade para que aos poucos eles expressem as características dos próprios pais.

Acalme-se, a vida é assombrosamente curta. Treine relaxar, treine não se inquietar. Por amor aos seus filhos, fale devagar, coma devagar, faça as coisas com calma e compassadamente. O mundo não vai acabar, mas para os ansiosos tudo têm de ser para ontem, pois o amanhã não existe.

6º Pais impulsivos

Pais impulsivos não necessariamente são explosivos ou intensamente ansiosos, embora alguns o sejam. A característica fundamental deles é que reagem rapidamente, sem refletir sobre as consequências dos seus atos, pelo menos nos focos de tensão. Pais impulsivos não podem sofrer a mínima contrariedade que rebatem; quando confrontados, criticam.

Parece que estão sempre empunhando a metralhadora da crítica, pronta para atirar em quem os frustra. Alguns sofrem com sua impulsividade, sabem que ela os faz criar um clima familiar e profissional insuportável, têm consciência de que estão perdendo quem mais amam, mas seu Eu é um escravo do fenômeno bateu-levou. Não sabem pilotar relaxadamente sua aeronave mental.

As pessoas impulsivas, ao contrário do que muitos acreditam, inclusive elas mesmas, não estão condenadas a viver escravas de sua reatividade. Elas podem e devem reeditar as janelas Killer e se reciclar. Para isso, devem colocar em prática a técnica DCD (Duvidar, Criticar e Determinar), treinar seu Eu para o autocontrole, desenvolver a habilidade para gerir emoções. Mas o processo não é mágico, deve ser lento e disciplinado.

Somos pacificadores ou estressadores de nossos filhos

Pais e filhos deveriam desenvolver ferramentas de proteção psíquica para não terem alto índice GEEI. Desse modo, podem ser livres, gerentes dos pensamentos, filtros de estímulos estressantes, bem-humorados, contempladores do belo. Quando desenvolvi o primeiro programa mundial de Gestão da Emoção,[3] construí o índice GEEI (Gasto de Energia Emocional Inútil). Fiquei convicto de que somos consumidores

---

3. Conferir Augusto Cury. *Gestão da emoção*. São Paulo: Saraiva, 2015.

irresponsáveis de energia emocional. Esgotamos nosso cérebro como carrascos de nós mesmos.

Quem tem baixo limiar para frustrações sofre por antecipação, rumina perdas e frustrações do passado, se cobra demais e tem a necessidade neurótica de mudar o outro. Apresenta altíssimo índice GEEI. Se o seu GEEI é alto, você pode ser ótimo para sua empresa, sociedade e família, mas será violador de sua saúde mental.

Meus alunos de gestão da emoção, bem como minhas filhas e seus parceiros, se monitoram quando entram em atrito ou em disputas débeis. Um brinca com o outro, dizendo: "Isso é GEEI!". Percebem que estão gastando energia emocional tolamente!

Como comento no livro *O homem mais inteligente da história*, o mais famoso discurso de todos os tempos, o Sermão da Montanha, é na realidade um tratado de saúde emocional e felicidade inteligente. Infelizmente, as religiões e universidades falharam dramaticamente em não ter estudado o intelecto de Jesus Cristo. A mente mais brilhante que passou nesta terra passou intacta aos olhos da psiquiatria, psicologia, psicopedagogia e sociologia.

No mesmo livro, digo que uma das regras de ouro defendida pelo Mestre dos Mestres para desenvolver a gestão da emoção é "felizes os pacificadores...". Milhões de teólogos e estudiosos leram essa passagem durante 2 mil anos e não entenderam a técnica de gerenciamento da mente poderosa e revolucionária!

Seus discípulos só lhe davam dores de cabeça; até o mais amável deles, João, tinha uma personalidade explosiva, bipolar, impulsiva e com a necessidade neurótica de poder. Num momento, era generoso para, no seguinte, reagir segundo o fenômeno ação-reação, propondo eliminar quem supostamente contrariava seu mestre. Não apenas Pedro, mas também João era uma bomba emocional ambulante. Ambos precisavam ser desarmados. Mas o Mestre da gestão da emoção treinava o Eu deles não apenas para ser tranquilo, mas para ser tranquilizador, pacificador dos fantasmas mentais próprios e dos outros!

Que homem é esse que falava de ferramentas de autogestão da mente humana que a psiquiatria e a psicologia ainda desconhecem? Que professor era aquele que trabalhava o psiquismo dos seus discípulos para formar mentes brilhantes a partir de mentes inquietas, intolerantes, impulsivas? Gostaria muito que os que estão lendo este livro tivessem acesso a essa obra que em breve será publicada.

Pacificadores são agentes que previnem transtornos emocionais, que solucionam conflitos pacificamente, que instigam seus liderados, incluindo seus filhos e alunos a viajar para dentro de si mesmos. Diferente dos pacificadores, os estressadores promovem a intolerância, a irritabilidade, os atritos e as disputas insanas. Você é um educador estressador ou pacificador?

Muitos pais e professores, infelizmente, são fontes notáveis de ansiedade. Aproximar-se deles é um convite a perder a paciência. Não sabem minimamente aliviar sua tensão nem muito menos a de quem amam. Educadores estressadores não levam desaforo para casa, são peritos em discutir, mestres em cobrar dos outros, aptos para trabalhar numa instituição financeira, mas não para ter uma bela história de amor com aqueles que dizem amar.

Treinar para se tornar um pacificador é uma regra de ouro valiosíssima. É dar risada das picuinhas, é ser capaz de relaxar filhos, alunos e até nossa companhia dizendo: "Você fica mais bonita(o) quando fica nervosa(o)". Nossa sociedade, as empresas, escolas e famílias deveriam ser centros de formação de mentes pacificadoras, mas infelizmente são formadores de mentes agitadas, inquietas, que se irritam e se frustram com facilidade...

Pacificar nossas mentes e emoções

Pacificar a emoção de filhos e alunos não é ser passivo, permissivo ou superprotetor, mas dar-lhes liberdade para ousar e limites para o desenvolvimento. É educar o Eu deles para pilotar com inteligência sua aeronave mental, treiná-los para entender que todas as escolhas acarretam perdas, que todas as atitudes têm consequências, que é necessário recuar para ganhar, pedir desculpas quando falhar, mas dar sempre uma nova chance para si mesmo.

Pacificar a mente dos nossos educadores é equipar a emoção deles para não comprar o que não lhes pertence, é abraçar mais e julgar menos, apoiar mais e criticar menos. É, acima de tudo, ter consciência de que não existem filhos e alunos perfeitos, nem pais e professores que não falham, mas seres humanos em construção, que têm a coragem de sempre recomeçar...

Pacificar nossa história é ter consciência de que mais vale uma simples refeição em paz do que uma montanha de ouro em meio a angústias, é valorizar as coisas simples e anônimas, sentir o "sabor" da água, a brisa dos elogios, o toque da confiança dizendo "não desista de seus sonhos". É, desse modo, fazer da vida um show imperdível, mesmo que lágrimas sejam encenadas no teatro de nossas faces.

CAPÍTULO 6

Como educar filhos e alunos complexos, hiperativos e ansiosos: a TTE (Técnica da Teatralização da Emoção)

> **QUINTA REGRA DE OURO**
>
> Usando a TTE para estimular o biógrafo do cérebro

Todos os dias, você e eu acessamos as informações da MUC (Memória de Uso Contínuo) para desenvolver respostas sociais, tarefas profissionais, comunicação, localização tempo-espacial. Para assimilar as palavras deste livro, você está usando milhões de informações que estão em grande parte na MUC. Mas, de vez em quando, minhas palavras o levam ao seu inconsciente. Nesses casos, você viaja para a ME (Memória Existencial).

Os elementos da língua corrente estão no centro da memória. Se você conhece outro idioma, mas faz anos ou décadas que não o fala, terá dificuldade de acessá-lo porque elas foram para a periferia, para a ME. Com o tempo, ao exercitar essa língua, você traz os seus elementos novamente para o centro, a MUC, e sua fluência retorna. O processo de formação da personalidade se inicia na MUC e caminha para a ME e vice-versa. O consciente e o inconsciente são dois vizinhos que invadem constantemente a casa um do outro.

Como vimos, todos os dados e experiências novas são arquivados na MUC pelo fenômeno RAM (Registro Automático de Memória). Esse fenômeno não pede licença ao Eu para armazenar os dados na MUC. Isso ocorre não apenas porque o arquivamento não depende do Eu, é involuntário, mas também porque, nos primeiros anos de vida, o Eu ainda não está formado plenamente consciente, capaz de ser gestor da mente humana, o que deveria acontecer na adolescência. Mas, infelizmente, muitos adultos, inclusive com níveis acadêmicos altíssimos, mestrado e doutorado, têm um Eu malformado. São péssimos gestores de pensamentos e emoções.

Se o bebê, ao ser expulso do útero materno, passa por algum bloqueio da atuação do fenômeno RAM, seja por transtornos metabólicos, traumas físicos ou socioemocionais, surgem os vários espectros do autismo. Os espectros, bem como os tipos de autismo e sua gravidade, dependem do grau de comprometimento do fenômeno RAM.

Por quê? Simplesmente porque ele é o fenômeno que registra estímulos extrapsíquicos e intrapsíquicos espontânea e rapidamente, portanto, será o grande supridor de material para os três maiores processos construtivos da mente humana: 1) O processo de construção de pensamentos; 2) O processo de formação da consciência existencial; 3) O processo de construção do Eu como gestor da mente humana.

Se o comprometimento do fenômeno RAM for grande, enfim, se ele fizer poucos registros das experiências de medo e prazer do bebê, dos gestos dos pais e de outras pessoas, dos símbolos da língua, milhares de janelas com milhões de dados não serão construídas no centro consciente, a MUC.

Esse bloqueio não apenas compromete os três tipos de processos construtivos que ocorrem na mente humana, mas impede a produção de dois tipos fundamentais de pontes sociais: as pontes das crianças com o mundo externo e as das crianças com seu próprio mundo. Para construir um pensamento aparentemente simples, como *mamãe, estou com fome* ou *mamãe, eu quero água*, milhares de informações são acessadas, selecionadas e utilizadas. Todo esse processo é realizado em milésimos de segundo. Estudá-lo e entendê-lo nos leva a outro patamar como seres humanos.

Durante mais de três décadas, desenvolvi conhecimentos sobre essa última fronteira da ciência e até hoje fico pasmo, maravilhado, assombrado, com o processo de construção de pensamentos e formação da consciência humana. Por que somos tão estúpidos intelectualmente e emocionalmente infantis quando discriminamos seres humanos por cor da pele, raça, religião, cultura, sexualidade? Uma das causas é que a educação racionalista ou cartesiana não nos leva a compreender que, na essência, somos iguais e, nas diferenças, nos respeitamos.

Uma pessoa discriminada não deveria gritar "me aceite porque sou refugiado ou imigrante", "me aceite pela minha sexualidade", "me aceite porque sou negro". Não! Elas deveriam bradar: "Me aceite porque sou um ser humano!" Na essência, todos nós produzimos os mesmos fenômenos que geram em pequeníssimas frações de segundo o maior espetáculo do Universo: a construção dos pensamentos.

Os pensamentos são a matéria-prima para os sonhos, o amor, a poesia, a arte, a ciência, as relações sociais, enfim, a consciência humana. Reitero: na essência, somos iguais. Se judeus e palestinos conhecessem a última fronteira da ciência, se digladiariam menos e se abraçariam mais. A família humana só vai se libertar quando conhecer sua essência.

Uma biografia não autorizada nutre a personalidade

Voltando à construção de pensamentos nas crianças. Quando elas reconhecem um personagem social, a mãe, mapeiam e identificam sua necessidade instintiva – "fome" ou "sede" – identificam ainda que a personagem inicial é supridora de seu instinto, e logo após aplicam um verbo tempo-espacial, expressando "estou com fome" ou "quero água"; ainda que falado foneticamente errado, elas realizaram tarefas de varredura finíssimas e muito velozes no córtex cerebral. Foram fenomenais. Se você fosse capaz de acertar num alvo de um centímetro na luz, não seria mais fenomenal do que construir um pensamento, ainda que tolo ou perturbador.

Todo o processo de leitura multifocal é patrocinado por fenômenos inconscientes, como gatilho da memória, janela da memória, âncora da memória, multiprocessador, autofluxo. Essa leitura multiangular gera a sofisticadíssima construção de pensamentos que, por sua vez, edifica o grande "milagre", a formação da consciência existencial, um fenômeno natural muito maior do que qualquer possível fenômeno sobrenatural.

Muitos religiosos amam fenômenos sobre-humanos, mas não conseguem prestar atenção nos incríveis fenômenos que estão em sua mente, nem ao menos achar graça nos pensamentos bizarros que desaprovam dos seus filhos. Têm a necessidade neurótica de apontar falhas dos outros.

Quem não for capaz de enxergar o intangível nunca será um formador de mentes brilhantes. Doutores que controlam seus mestrandos e doutorandos comentem um erro atroz na formação de mentes livres: todo fenômeno consciente, seja um raciocínio, pensamento simples ou reconhecimento de um objeto ou personagem, é produzido por fenômenos inconscientes.

Quando me refiro ao inconsciente, o faço de forma diferente de outros pensadores. Freud e outros brilhantes teóricos discorreram sobre o inconsciente, mas falar dele de forma genérica, bem como de formação de traumas, é como falar de um continente. O que tenho feito em minha produção de conhecimento, e digo com muita humildade, não é falar do continente, mas mapear seus terrenos, suas rochas, sua natureza, sua ecologia, enfim, os detalhes que ocorrem no funcionamento da mente. Claro que tudo o que comento ainda são gotas no infinito oceano do conhecimento.

Falar do inconsciente sem identificar os fenômenos inconscientes que leem a memória, sua atuação psicodinâmica e o processo de construção de pensamentos nos deixa muito confusos. O processo de formação da personalidade, incluindo o das crianças autistas, ganha relevância quando entendemos a dança de transações entre a MUC e a ME, entre o consciente e o inconsciente, bem como quando compreendemos minimamente os fenômenos de leitura das memórias. Vejamos.

A formação da biografia humana como centro de suprimento para a formação dos pensamentos não depende do Eu, que representa a consciência crítica ou a capacidade de escolha, mas do fenômeno RAM. No primeiro ano de vida, o Eu ainda está nos primórdios de sua formação.

Nos congressos de alguns países, se discute se deveria ou não haver biografias não autorizadas. Proibi-las toca a liberdade de expressão. Todavia, *nossa biografia escrita no livro de nosso cérebro será sempre não autorizada pelo Eu, portanto, nossos pensamentos e emoções, sejam saudáveis ou doentios, farão parte dela. Fazer seguro de vida, de carro, da empresa, sem fazer de nossa mente, sem gestão da emoção, é fechar a porta da frente, mas deixar todas as janelas abertas.*

Como já mencionei, há pessoas que têm todos os motivos para serem felizes e saudáveis, mas são pessimistas, angustiadas, ansiosas. O que está errado? São especialistas em produzir medo, ciúme, autopunição, autocobrança, sofrimento por antecipação. Exteriormente, há muitos motivos para aplaudir a vida, elas têm recursos financeiros, boa família, não passaram por grandes traumas na infância, mas interiormente acumularam lixos em seu córtex cerebral, produziram milhares de janelas Killer invisíveis aos olhares sociais.

A socialização: um aprendizado além da carga genética

Vamos trazer esse conhecimento para a formação da personalidade infantil. As crianças autistas bloquearam o processo de registrar e retroalimentar a construção de pensamentos. O resultado é que não alcançam a utilização dos símbolos da língua para produzir o pensamento dialético ou lógico para desenvolver seu Eu, mapear suas emoções e identificar os estímulos sociais, principalmente as pessoas, e se relacionar com elas.

As habilidades vitais de uma criança, como pensar antes de reagir e se colocar no lugar dos outros, foram asfixiadas. Sua "biografia não autorizada" não foi produzida pelo fenômeno RAM. Portanto, sob o ângulo da última fronteira da ciência, as crianças autistas em tese não são doentes ou deficientes, elas continuaram como estavam, não evoluíram para escrever a própria biografia. Mas, em tese, são "normais".

Sabendo disso, toda vez que eu atendia crianças autistas em meu consultório, procurava usar técnicas que superestimulassem o fenômeno que descobri, o RAM, para acelerar essa biografia cerebral. E era incrível: muitas vezes nas primeiras semanas, podíamos observar os primeiros textos dessa biografia alimentando o processo de construção de pensamentos.

Não estou dizendo que há cura para o autismo, até porque não usamos a palavra "cura" em psiquiatria e psicologia, mas reorganização, superação, capacidade de reeditar a memória, de reescrever sua história. Mas presenciei crianças com grave autismo, por exemplo com 6 anos, que quase não falavam, encarceradas em seu próprio cérebro, desenvolvendo pensamentos ao longo dos meses, mapeando seus sentimentos e construindo pontes sociais.

Em todas elas, notei que não conseguiam construir a palavra "eu" nos primeiros meses. Por exemplo, diziam "o Davi quer água", mas não "eu quero água". Por quê? Porque a construção do Eu demanda milhares ou até milhões de experiências para alicerçá-la e só mais tarde desenvolver a identidade.

Se não houver comprometimento do córtex cerebral na criança autista, se as matrizes da memória estiverem intactas para receber registros, o desbloqueio do fenômeno RAM e a formação da biografia existencial podem ser acelerados, promovendo a formação do Eu, a autoconsciência, a autonomia, a capacidade de escolha, as relações interpessoais. Até onde podem evoluir cognitiva e socialmente? Ninguém sabe. Cada criança é um mundo. Mas, frequentemente, elas apresentam potencial para evoluir mais do que imaginamos. Quanto mais cedo forem estimuladas, melhor.

Toda criança nasce autista: sem autoconsciência, sem autonomia e sem pontes sociais. A socialização é um aprendizado solene em nossa espécie, que usa a carga genética e ultrapassa seus limites. O fenômeno ram através da formação da muc, a biografia não genética, retroalimenta os fenômenos inconscientes que, ao lerem a memória, pouco a pouco formam o Eu e o libertam do seu cárcere cerebral para torná-lo um ser social. A carga genética é o alicerce. O edifício social a ser construído depende da educação. Um dia, escreverei mais sobre isso.

Quando me refiro ao cárcere cerebral das crianças autistas, não estou me referindo ao sofrimento delas ou do de crianças com outros transtornos, como a paralisia cerebral. Até porque nesse caso não existe consciência plena da dor emocional, por exemplo, da solidão, embora haja dor física. Uma forma rude de ilustrar isso é dizer que "quem sempre foi livre e hoje está num cárcere sofre muito porque já teve consciência do que é a liberdade".

O cárcere cerebral dessas crianças significa ausência ou debilidade das pontes sociais. Mas, de qualquer forma, não é confortável estar preso ao cérebro, por isso, os níveis de ansiedade e irritabilidade das crianças autistas são importantes e os movimentos repetitivos que elas fazem, ao contrário do que alguns pensam, não são reflexos da ansiedade, mas um movimento para aliviar esse sentimento.

A TTE (Técnica da Teatralização da Emoção) aplicada em crianças autistas, hiperativas e ansiosas

Estimular o fenômeno RAM é vital para aliviar o isolamento social, o cárcere psíquico do autismo. Nunca punir, nunca esbravejar, nunca perder a paciência com crianças portadoras de espectros autistas. Elas precisam se libertar, nutrir seus pensamentos e emoções, mas lhes falta uma biografia. Uma técnica psicopedagógica que desenvolvi e que pode contribuir para o aceleramento dessa biografia chama-se Técnica da Teatralização da Emoção (TTE). Ela turbina a atuação do fenômeno RAM para formar janelas Light e, consequentemente, para construir o Eu e as pontes sociais dele com o resto do mundo.

Por que desenvolvi a técnica TTE? Porque sabia que o fenômeno RAM registra todas as experiências sem autorização do Eu, mas o faz privilegiando tudo que tem mais carga emocional. Por isso, resgatamos com muito mais facilidade perdas, frustrações, decepções, apoios, encorajamentos, elogios e os momentos mais marcantes de nossa biografia. Teatralizar é uma forma de avolumar a carga emocional.

A TTE é uma técnica importante para não apenas construir pontes sociais em crianças autistas, mas desenvolver o raciocínio, pacificar a mente, colocar limites emocionais, promover o autocontrole em crianças e adolescentes hiperativos ou com transtorno de déficit de atenção, ou ainda em jovens que sejam rebeldes às convenções sociais, hiperansiosos, irritadiços, autoritários. Essa técnica nutre duas das mais importantes habilidades socioemocionais: pensar antes de reagir e se colocar no lugar do outro.

Como operar essa técnica? Teatralizando com voz altissonante, por exemplo exclamando: "Parabéns! Você é excelente!", "Parabéns, você foi incrível!", "Quem é o orgulho do papai ou da mamãe?". Ou aplaudindo efusivamente a cada momento os gestos saudáveis das crianças autistas. A TTE feita diária e constantemente leva ao arquivamento de plataformas de janelas Light que estimulam a necessidade de retorno social. Reitero: a biografia socioemocional se acelera. Com isso, o gatilho da memória começa a disparar e encontrar no córtex cerebral janelas ou arquivos que produzem a capacidade de se colocar no lugar do outro, pavimentando pouco a pouco a complexa socialização.

Usem a TTE para elogiar teatralmente crianças irritadiças e agressivas quando elas se mostrarem saudáveis, ainda que frágeis. Elas desenvolverão igualmente esta notável habilidade socioemocional: colocar-se no lugar do outro. Começarão a dar retorno social.

Não deixem passar despercebido nenhum comportamento calmo, generoso, altruísta, ainda que diminuto. Claro, crianças autistas, em destaque os casos mais graves, não entenderão os pensamentos, as palavras e os verbos proferidos pelos pais, professores ou outras pessoas que as circundam, mas perceberão os gestos teatrais e isso irrigará as suas emoções. E o segredo é: tudo que tem mais alto volume emocional estimula o fenômeno RAM a formar janelas da memória. Por isso, as ofensas, perdas e traições que sofremos são frequentemente inesquecíveis.

E quando a criança autista ou outra criança qualquer demonstrar comportamentos agressivos ou fizer birras homéricas, a TTE pode ser aplicada? Sim. Nesse momento não se deve elogiá-las, mas teatralizar a dor, o sofrimento, a consequência dos comportamentos negativos. Por exemplo: "A mamãe ama você, mas está muito triste com seu comportamento". Não fale secamente, teatralize, fale com emoção, vale até chorar de vez em quando para provocar o fenômeno RAM.

Pais, professores, psicólogos ou psicopedagogos, ao fazerem essa técnica, não devem ser repetitivos, passar sermões nem muito menos ser punitivos. Expresse-a e saia de cena. Se não der para deixar o ambiente, faça um momento de silêncio e depois mude de assunto. Se a criança não for autista, depois de fazer a TTE discuta rapidamente o comportamento agressivo com ela. Mas não a canse, não seja uma fonte de tédio – e geralmente os pais, professores e profissionais de saúde mental costumam ser!

Mas a TTE, ao expressar o sofrimento, não vai gerar hipersensibilidade e sentimento de culpa? O sentimento de culpa, quando brando, é fundamental para evitar a psicopatia e a sociopatia. Ele só é asfixiante quando é intenso.

Ao longo de mais de 20 mil atendimentos psiquiátricos e psicoterapêuticos, e principalmente como pesquisador dessa área, tenho a convicção de que é muito mais fácil trazer uma pessoa hipersensível para o centro de uma sensibilidade saudável do que levar uma pessoa insensível, um psicopata, que não sente a dor do outro, a ter uma sensibilidade dosada. Embora mesmo esse último caso seja possível.

O objetivo da TTE é construir plataformas na memória

A TTE não funcionará se for feita de vez em quando. O objetivo dessa técnica é produzir plataformas de janelas Light duplo P. Lembre-se que as janelas Killer duplo P têm dois grandes poderes traumáticos: encarcerar o Eu e ser lidas e relidas, retroalimentando e expandindo o trauma. Enquanto as janelas Light duplo P têm o poder de libertar o Eu e ser lidar e relida e retroalimentar sua maturidade, capacidade de empatia, autonomia, gestão da emoção.

Para construir plataformas de janelas Light duplo P, os educadores têm de fazer a TTE diariamente ao longo dos anos. Todas as pessoas no círculo das crianças que precisam ser educadas emocionalmente devem participar do processo: pais, colaboradores, avós, professores, psicólogos.

Eu amo os professores, mas, sinceramente, alguns me deram trabalho excessivo por não entenderem o cárcere cerebral das crianças autistas, bem como de meninos e meninas com altos níveis de ansiedade e agitação mental. Esses mestres reativos não tinham paciência, exigindo o que essas crianças não podiam dar. No caso de crianças autistas, tive que explicar o processo de formação das janelas da memória e construção do Eu diversas vezes. Supliquei pela colaboração. Em alguns casos, me decepcionei, tive que mudar esses alunos para escolas com viés mais generoso e inclusivo. Foram verdadeiros partos emocionais para gerar pontes sociais.

Há alguns anos não tenho mais tempo para atender pacientes, mas espero que muitos cientistas da psicologia e psicopedagogia expandam e lapidem a técnica da TTE para desenvolver a mente de crianças autistas e outras com comprometimento sério da formação da personalidade.

Lembro-me de uma criança autista que destruía todos os bolos de aniversário das festas. Se contrariada, se atirava no chão e fazia birras ensurdecedoras. Era um caso muito grave: ela não sabia expressar que estava com fome ou sede. Escalava escadas sem medo de cair. Atravessava avenidas sem olhar para os carros. Nem sequer tinha medo de tirar comida de cachorros da raça Dobermann que não conhecia. Mas por fim deu um salto na sua socialização. Um dia, contarei essas histórias.

Os educadores, quando fazem a TTE várias vezes ao dia, desbloqueiam o fenômeno RAM para registrar as experiências na MUC e, assim, ao longo dos meses e anos, terão mais possibilidades de desenvolver duas das mais nobres características socioemocionais: colocar-se no lugar dos outros e pensar antes de reagir.

Um brilhante educador com uma mão conduz uma criança, com a outra, muda a humanidade quando investe o seu melhor para formar mentes livres. Educar não é jogar madeira numa fogueira e esperar um resultado rápido. Educar é plantar sementes, cultivar florestas pacientemente. Assim, nunca faltará madeira para nos aquecer e a quem amamos...

CAPÍTULO 7

Saúde física e mental: motivação, sono, intoxicação digital, exercícios

O primeiro grupo notável de regras de ouro para formar seres humanos mentalmente saudáveis, imaginativos, proativos, bem resolvidos começa no ambiente uterino e se estende por toda a história de formação dos filhos e alunos. Há milhares de eventos que ocorrem no útero materno e interferem na formação da personalidade, e há milhões de eventos que ocorrem no útero social que influenciam o desenvolvimento humano.

O ambiente materno é razoavelmente protegido, enquanto o ambiente social é marcadamente desprotegido. O útero materno é solitário, o social é coletivo. O útero materno pode ter intempéries emocionais, no útero social há muitas tempestades.

Um recado aos pais e professores: ao estudar aqui as regras de ouro para formar filhos e alunos emocionalmente saudáveis e intelectualmente brilhantes e, consequentemente, perceber seus erros, espero que não se punam, mas se reinventem! Os perdedores veem os raios e recuam timidamente, mas os vencedores veem a chuva e se animam com a oportunidade de cultivar. No território da emoção, sempre é possível reciclar nossas atitudes, nem que seja para pedir perdão a alguém no leito de morte.

A autopunição expande o índice GEEI (Gasto de Energia Emocional Inútil), o gasto desnecessário e doentio da energia psíquica. A autopunição furta a energia vital de um ser humano para começar tudo de novo. Não lamentem suas falhas, deem sempre uma nova chance para si mesmos e para quem amam!

Uma das maiores responsabilidades dos pais é ser inteligentes o suficiente para preparar um ambiente socioemocional para que o fenômeno RAM do bebê e depois da criança e do jovem forme um grupo de janelas Light na MUC, no centro da memória, que subsidiará o desenvolvimento de uma emoção tranquila, protegida, com alto limiar para frustração, contemplativa e criativa. Pais e professores deveriam treinar suas habilidades para ser gestores da formação da personalidade de filhos e alunos. Esse processo não é instintivo, mas aprendido.

Se para dirigir um simples carro precisa-se de treinamento, imagine então para o mais complexo veículo, o mental? Se para administrar uma empresa precisa-se cuidar do fluxo de caixa, dos processos, da logística, imagine para administrar a mais complexa empresa, a mente humana.

Se para preservar os recursos naturais do planeta terra é preciso esforço coletivo e inúmeras estratégias, imagine para preservar os recursos do mais intangível e sofisticado dos planetas, o planeta emoção? Diante disso vamos continuar a falar das regras de ouro para educar filhos e alunos. Lembrem-se de que a quinta regra foi a TTE (Técnica da Teatralização da Emoção).

SEXTA REGRA DE OURO

PREVENIR A OBESIDADE FÍSICA E EMOCIONAL

Cada jovem é o maior nadador e alpinista do mundo

Qualquer edifício, para ser construído, precisa de uma planta, uma equipe capacitada e materiais adequados. O corpo e a mente humana também. A vida física e mental é delicadíssima. Tudo começa com fenômenos impossíveis de serem capturados pelo olho humano, a não ser com uso de aparelhos.

Muitos jovens, quando estão revoltados com a vida e com seus pais, gritam: "Eu não pedi para nascer!". Ledo engano. Todo professor deveria ensinar aos seus filhos e alunos que eles foram os maiores alpinistas da história, os maiores nadadores do mundo, os maiores maratonistas de todos os tempos. Quando? Quando eram uma simples célula, chamada de espermatozoide, e concorreram com dezenas de milhões de participantes na mais dramática luta pela vida.

Eles gritam que não pediram para nascer para chamar a atenção dos pais. Em outras palavras, eles bradam: "VOCÊS ME COLOCARAM NO MUNDO, AGORA ME AGUENTEM!". Os pais ajudaram, é verdade, mas foram eles que fizeram a maior parte, foram eles que encararam as mais difíceis jornadas. Eles não pediram para nascer, eles gritaram para nascer sem dizer palavras. Com uma garra incontrolável, pareciam urrar: "EU VOU EXISTIR! EU TENHO O DIREITO DE VIVER!". Por isso, quando dizem "eu não pedi para nascer", eles estão 100% errados. Se fosse outro espermatozoide que fecundasse o óvulo, seria outra pessoa e não eles.

Muitos alunos têm medo de provas, alguns sentem ânsia de vômito, outros têm diarreias e ainda há aqueles que tremem quando saem os resultados. Parecem tão frágeis, mas não eram assim no começo da vida. Eles topavam tudo de peito aberto. E não existia plano B, não havia outra opção: É VENCER OU VENCER!

Se, quando não tinham um raciocínio maravilhoso, uma incrível capacidade de pensar e se superar nem uma emoção vibrante, eles lutaram pela vida, deveriam então hoje deixar de ser frágeis, preguiçosos, inseguros, para superar seus problemas. Creia: hoje, eles têm 1 milhão a mais de recursos.

Professores deveriam proclamar a vitória espetacular dos alunos em sala de aula e pais podiam descrever esse incrível feito aos seus bravos filhos. Educadores que não treinam a emoção dos seus filhos e alunos para enxergar suas façanhas não nutrem seu ânimo, não contribuem para formar jovens ousados, bem resolvidos, que aplaudem a vida; ao contrário, contribuem para formar seres humanos tímidos, insatisfeitos e especialistas em reclamar de tudo e de todos. No começo da vida, não havia tempo a perder com coisas tolas.

Crescendo freneticamente

Quando o espermatozoide fecundou o óvulo e ganhou o direito à vida, a célula resultante, chamada de ovo, começou a se multiplicar rápida e freneticamente. Em poucas semanas, produziu tantos filhos que era uma comunidade formada por bilhões de células. O DNA, nossos genes, é um engenheiro tão notável e veloz que sua façanha equivale a construir, a partir de apenas um tijolo, um edifício de mais de 10 mil andares em poucos meses.

Um engenheiro tão rápido precisa de muitos materiais, caso contrário, a obra para. Por isso, as mães deveriam comer bem, com qualidade, comer sempre, mas não compulsivamente como se o mundo fosse acabar hoje ou como se o bebê fosse nascer amanhã.

A necessidade de material de construção para o embrião se desenvolver, como proteínas, vitaminas, carboidratos, ácidos graxos, é estrondosa. Mas a nutrição tem de ser saudável: muitas frutas, derivados de leite, proteínas. É preciso sustentar essa explosão de crescimento! Nutrir-se bem não é comer ansiosamente.

Quem come com ansiedade é um assaltante da geladeira. Nutrir-se compulsivamente pode não apenas elevar o peso da mãe, mas asfixiar a autoestima e a autoimagem. Nutrir-se bem quer dizer comer devagar, absorver lenta e prazerosamente os alimentos. Nutrir-se bem é se alimentar com inteligência, e fazê-lo com inteligência exige paciência para selecionar os alimentos e mais paciência ainda para mastigá-los.

Quem não mastiga os alimentos é inimigo deles, pouco os desfruta. Se você recebe uma visita em sua casa e logo quer despachá-la, você não a valoriza, não a ama. Do mesmo modo, se coloca os alimentos na boca e logo quer despachá-los para o estômago, você não os ama.

Quem envia os alimentos rapidamente para o estômago ama a quantidade e não a qualidade. Pais, a partir do primeiro, segundo e terceiro ano de vida de seus filhos, deveriam treinar o paladar dos filhos para comerem alimentos naturais e saudáveis, como frutas. Conheço jovens de 15 anos que não sabem sequer o nome das frutas mais básicas. Detestam-nas, mas amam *fast-food*, pois educaram seu paladar para apreciá-lo. Por favor, quando forem dar algo saudável para seus filhos comerem, façam festa, expressões faciais alegres, produzam sons enquanto mastigam. Assim, as crianças amarão esses alimentos.

Uma das maiores fontes de culpa da mulher moderna é descontar nos alimentos seu estresse não resolvido, a insatisfação com seu próprio corpo. Quem não ama seu corpo e sua mente não amará um parceiro de forma estável e inteligente. *Se uma mulher ou mesmo uma adolescente precisar emagrecer, ela o deve fazer* não *para se sentir bela, pois bela já deveria se sentir, mas para se sentir ainda mais bela.* E quanto mais comem, mais abrem janelas Killer, mais fecham o circuito da memória, mais geram sentimento de culpa, mais comem. Quem come compulsivamente coloca combustível no estresse cerebral.

Uma das técnicas de gestão da emoção para o emagrecimento inteligente é treinar o Eu a fazer as pazes com o alimento. A segunda é gerenciar a ansiedade e a terceira é aprender a não ser escravo do padrão tirânico de beleza.

O efeito sanfona da mãe e a obesidade infantil: uma gravíssima equação

O efeito sanfona emocional no ato de comer gera uma nutrição poderosa da ansiedade em homens e mulheres. Lembre-se de que esse efeito é um comportamento flutuante, retrátil, que vai e volta. Nós o estudamos na relação de casais que se separam e reatam. Agora, precisamos ver os tentáculos desse comportamento na alimentação. Mães ansiosas podem viver o efeito sanfona na alimentação.

Comem muito num determinado momento e depois são abarcadas pela autopunição e se privam de comer. Esse fenômeno ocorre com frequência tanto nas grávidas como nas mães durante a infância das crianças. Vejam como esse mecanismo emocional é grave.

O volume de tensão da autopunição instala a âncora da memória numa determinada região e bloqueia milhares de janelas saudáveis, fechando o circuito da memória, gerando a síndrome do Circuito Fechado da Memória (Cife). As mães deixam de ser pensantes, lúcidas, e passam a ser instintivas.

Uma vez instalada a síndrome Cife, as mães irracionalmente começam a se privar de alimentos. É o "efeito sanfona": come-se muito, depois pouco. Esse processo pernicioso, além de retroalimentar a ansiedade da mãe, muito provavelmente interfere na "inteligência" celular do feto, predispondo à obesidade infantil no futuro.

O comer compulsivo da mãe e a privação drástica de alimentos induz a inteligência celular do corpo da criança a acumular gorduras durante o seu desenvolvimento após o nascimento, para se preparar para um tempo de escassez fictício e monstruoso criado pelo "efeito sanfona" da mente das grávidas e das mães durante o crescimento dos filhos. Gostaria de observar cientistas testando essa hipótese.

Está crescendo assustadoramente a obesidade no mundo todo, incluindo a infantil. Pais estressados e filhos inquietos comem exagerada e erradamente. Cerca de 2 milhões e meio de pessoas morrem anualmente como consequência da obesidade, uma taxa maior que a do suicídio.

Nos Estados Unidos, cerca de um terço da população tem obesidade, uma estatística espantosa. No Brasil, mais de 50% da população apresenta sobrepeso. Segundo órgãos de pesquisas, o problema da obesidade se torna no país algo mais grave do que a falta de nutrientes. Prestem a atenção a seguir em nosso programa de emagrecimento inteligente para adultos, adolescentes e crianças.

Emagrecimento inteligente

Sem essas ferramentas de gestão da emoção, a obesidade dificilmente é resolvida! "Comemos nossas emoções", ou seja, uma pessoa estressada, ansiosa, deprimida ou com baixa autoestima canaliza no prazer oral e instintivo o alívio de seus conflitos emocionais. Comer muito gera mais ansiedade, que gera mais compulsão por comer.

Quando o bebê nasce, ele continua a precisar de muitíssimos materiais. Agora chegou a vez de ele comer coisas menos industrializadas e mais saudáveis e naturais.

Na outra ponta da obesidade, existe a anorexia nervosa. Essa doença grave é mais do que um transtorno alimentar, é um transtorno de autoimagem. Janelas Killer duplo P patrocinam uma visão distorcida e atroz do próprio corpo. Mulheres pele e osso, parecidas com os famintos da África Subsaariana, mesmo tendo a mesa farta. As vezes, pesam 30 ou 40 quilos com cerca de 1,60 metro de altura. Mas por que não comem? Porque se sentem obesas. O Eu delas não é gestor de suas mentes, vivem como escravas de um padrão tirânico de beleza.

O Eu deveria ser protagonista e não espectador de seus conflitos. Deveria pilotar a aeronave mental e não sentar-se timidamente como passageiro. Deveria gritar todos os dias dentro de si o seguinte: "Beleza está nos olhos de quem olha!".

A era digital capitaneada por smartphones, games, redes sociais, internet está expandindo a era da obesidade, pois aumenta os níveis de solidão e tensão emocional, transformando os alimentos no companheiro real do ser humano que navega num mundo virtual.

Preocupadíssimos com o fenômeno "obesidade x ansiedade", estamos desenvolvendo o programa internacional de gestão da emoção para emagrecimento inteligente.[4] O objetivo não é apenas promover reeducação alimentar e exercícios físicos para as várias idades, mas cuidar da obesidade emocional, caracterizada

---

4. Para saber mais sobre o assunto, acesse <www.emagrecasemestresse.com>.

por autopunição, ansiedade, complexo de inferioridade, baixa autoestima e fragmentação da autoimagem.

Enfim, o objetivo desse programa é propiciar em destaque ferramentas de *coaching* de gestão da emoção para que crianças, jovens e adultos possam ser autores de suas histórias. Um terço das crianças e dos jovens no país são fisicamente obesos. Estamos falando em milhões de seres humanos. Um número espantoso.

A obesidade não apenas propicia aparecimento de diabetes, aumento da taxa de colesterol, hipertensão e outras doenças, mas também asfixia a saúde emocional nesta sociedade que tem um padrão tirânico de beleza. Os alunos obesos são alvos preferenciais do *bullying*: gordinho, elefantinho, baleia, apelidos que podem traumatizar gravemente.

A difícil equação emocional

L. C. era um garoto de 11 anos. Superdotado, verdadeiro gênio, mas extremamente agitado e ansioso. Comia compulsivamente, como se os alimentos fossem acabar hoje. Dois ou três sanduíches raramente o satisfaziam. Os pais perderam o controle sobre ele, tiveram dificuldade de reeducar sua alimentação e sua emoção.

Engordou muito, passou a pesar mais de 80 quilos. L. C. por não conseguir controlar sua inquietação, não parar sentado na classe e ser obeso, é alvo preferencial dos deboches de meninos mais velhos. Crianças e jovens que não aprendem a se colocar no lugar do outro e pensar antes de reagir podem ser ferinas, cruéis, destruir seus colegas sem lhes extrair o sangue.

Chamavam L. C. impiedosamente de trambolho, botijão de gás, balofo, baleia. Cada *bullying* sofrido estimulava o registro de janelas Killer duplo P saturando sua MUC, de cárceres, que o aprisionavam no único lugar em que é inadmissível ser prisioneiro. Ferido por fora, preso por dentro, ele chorava muito, em alguns momentos pensava em não mais viver. Quanto mais rejeitado, mais janelas Killer produzia, mais aumentava sua ansiedade, mais comia descontroladamente, mais engordava. Uma triste história que, sem intervenção emocional, poderia produzir consequências imprevisíveis.

Todas as crianças e jovens obesos ou que sofrem qualquer tipo de *bullying* deveriam receber especial atenção por parte dos professores. Milhões de alunos adoecem dentro das escolas. Pais e professores deveriam aplaudir cada gesto saudável de um filho e aluno na frente dos outros colegas para produzir janelas Light para neutralizar o poder das Killer.

Deveriam estrar num programa de gestão da emoção, seja para se proteger, seja para proteger a mente de quem amam. Se os pais e professores forem eloquentes, didáticos, mas não souberem ensinar as crianças e os jovens minimamente a ser autores de suas histórias, eles acertaram no trivial, mas falharam no essencial.

Precisamos desenvolver um Eu livre, proativo e gestor de nossa mente. Caso contrário, teremos chances dantescas de nos tornarmos vítimas e não protagonistas desta sociedade altamente estressante. Vamos expandir a estatística dos "pais estressados, filhos inquietos" ou a dos "pais brilhantes, filhos saudáveis"? Precisamos fazer escolhas! Precisamos aprender as regras de ouro para resolver essa difícil equação emocional.

SÉTIMA REGRA DE OURO

CONTROLAR A ANSIEDADE NA ERA DIGITAL

O motor da vida está funcionando mal

O sono é o motor da vida, o tempo de renovação da energia física e mental, o momento de trégua onde uma criança, um jovem e um adulto deixam as batalhas diárias, seja como estudantes ou profissionais, para viver um período solene de paz e autoequilíbrio. Porém nunca o ser humano fez tantas guerras como hoje, travou tantas lutas em sua cama e com seu próprio sono. Jamais o sono das crianças e dos adolescentes foi tão violentado, asfixiado, furtado pelas mídias digitais. Essas mídias deveriam abrir milhares de clínicas e hotéis fazenda para desintoxicação digital.

Usar smartphones, entrar nas mídias digitais e jogar video games libera dopamina, a mesma substância liberada com o uso de drogas. Portanto, a tecnologia digital vicia. Seria um crime violentíssimo dar cocaína ou mesmo bebidas em excesso para uma criança e ou um adolescente, mas não temos nenhum sentimento de culpa ao dar smartphones, *tablets*, video games, sem nenhum controle, sem ferramentas de gestão da emoção para que tenham o mínimo de autonomia.

Nossos filhos são atirados na cova dos leões, estão desenvolvendo coletivamente a "dependência digital". Tire o smartphone de um jovem por dois ou três dias e observe os sintomas: irritabilidade, ansiedade, humor deprimido, baixíssima tolerância a frustrações, agitação mental, enfim, os mesmos sintomas da síndrome de abstinência de uma droga psicotrópica.

Eu defendo uma tese: assim como os maços de cigarros trazem avisos alertando sobre os efeitos destrutivos para o corpo, como câncer e doenças pulmonares, todos os aparelhos digitais deveriam ter uma tarja avisando o usuário: *"O uso excessivo deste aparelho pode viciar, provocar insônia, ansiedade e sintomas psicossomáticos!"*.

A televisão, na segunda metade do século XX, foi a vilã do sono; no século XXI, o smartphone é o grande vilão, e muito mais poderoso. Além disso, o cumprimento de onda azul que emana das telas pode diminuir a molécula de ouro que induz e estabiliza o sono, a melatonina. Portanto, usar smartphone uma ou duas horas antes de dormir coloca o cérebro em estado de alerta constante, dificultando a qualidade do sono. Se você detesta seu sono, ame o seu celular, coloque-o como o centro de sua vida, tenha a necessidade neurótica de responder a todos nas redes sociais, mas se você ama seu sono e sua saúde física e emocional, coloque seu smartphone em segundo plano.

"Amai ao próximo como a ti mesmo": essa foi a famosíssima frase do Mestre dos Mestres das relações interpessoais, expressa há 2 milênios para fomentar o altruísmo e a generosidade, mas quem diria que, na atualidade, o próximo de um ser humano não seria outro ser humano, mas um celular na palma das mãos. Numa mesa de restaurante, é comum ninguém conversar, mas usar o aparelho. Pais enviam mensagens para seus filhos dentro de casa, irmãos mandam torpedos uns aos outros sentados ao redor de uma mesa.

O celular tem diversas vantagens, como comunicação eficiente, melhoria da produtividade, democratização da informação, mas tem dois efeitos colaterais que deveriam abalar a tranquilidade dos líderes do Vale do Silício na Califórnia: a destruição do sono e o assassinato do diálogo interpessoal.

A Síndrome do Soldado Cansado (SSC)

Jamais os nossos filhos e alunos estiveram tão estressados. O déficit crônico de sono provoca uma síndrome psicossomática, que chamo de Síndrome do Soldado Cansado (SSC) ou Síndrome do Esgotamento Cerebral (SEC). Os alunos se sentem como soldados numa guerra em constante estado de esgotamento mental.

A SEC produz diversos sintomas. A presença de dois ou três deles já a caracteriza: 1) Dor de cabeça, dor muscular, cólicas abdominais, vômitos, prurido ou coceira, e outros; 2) Déficit de concentração e dispersão da atenção; 3) Rendimento intelectual diminuído nas provas e nas redações; 4) Indisposição para fazer atividades (preguiça mental), tudo é difícil, mesmo fazer as coisas mais simples; 5) Facilidade para reclamar de tudo e de todos; 6) Baixo limiar para frustração, irritabilidade a pequenas contrariedades; 7) Inquietação ou agitação mental, não parar quieto, facilidade em perturbar o ambiente, fazer birra; 8) Tédio e insatisfação crônica, dificuldade de lidar com a rotina, protesto "não tem nada para fazer!", a euforia inicial logo dá lugar ao desânimo; 9) Envelhecimento precoce da emoção ligado aos sintomas citados: tédio, insatisfação, excesso de reclamação, querer tudo rápido e pronto, dificuldade de encontrar alternativas para relaxar e curtir a vida; 10) Imaturidade da personalidade, egocentrismo, dificuldade de colocar-se no lugar dos outros, elaborar perdas, trabalhar dores e frustrações, repetição de erros.

A SSC ou SEC é uma epidemia entre os estudantes em todo o mundo. A SEC associada à Síndrome do Pensamento Acelerado (SPA) compromete seriamente a saúde emocional, podendo desencadear uma série de doenças, como ansiedade, depressão, anorexia, bulimia, dependência de drogas, *bullying*... A associação dessas duas síndromes compromete o futuro socioemocional dos alunos e da humanidade como um todo. Ao descobri-las, fiquei preocupadíssimo e cônscio de que as sociedades modernas tomaram o caminho errado.

Como tenho dito para diversas plateias de magistrados, estamos assassinando a infância e a juventude de nossos filhos e alunos, produzindo um trabalho intelectual escravo legalizado. Eles têm tempo para tudo, fazer mil atividades, ficar plugados em video games e celulares, só não têm tempo para ser criança, se aventurar, desacelerar os pensamentos, contemplar o belo e dormir sonos repousantes.

Há psicólogos e psicopedagogos que dizem que os jovens vivem a geração milênio, outros a Geração Y, que são irresponsáveis, egocêntricos, querem tudo na hora, são hiperativos. Desculpem-me, mas a maioria desses pesquisadores e profissionais veem a ponta do iceberg do problema, não entram em camadas mais profundas da mente humana, por isso, não conseguem identificar essas duas síndromes que assolam a juventude mundial, inclusive os adultos, e que são causadas por nós, o que torna as sociedades modernas um hospital psiquiátrico global.

Vá a qualquer escola, incluindo as particulares com mensalidades caríssimas, e pergunte se as crianças e os adolescentes têm um sono de boa qualidade, se acordam cansados, são agitados, sofrem com dores de cabeça. Você ficará abaladíssimo. Muitos pais não têm a consciência de que seus filhos fracionam o sono diversas vezes ou acessam celulares durante a madrugada. Apenas sabem que eles acordam reclamando, tensos, impacientes. O sono tranquilo é o combustível da paciência, a insônia ou o sono não repousante são os motores da ansiedade.

As escolas deveriam ensinar matérias sobre o funcionamento da mente e o autocontrole e não apenas as matérias clássicas. Como vimos, devem deixar de ser racionalistas. Professores no mundo todo não imaginam como seus alunos estão com seus cérebros esgotados e acordando já exaustos. Muitos adolescentes carregam o corpo, têm a mesma disposição de uma pessoa doente ou muito idosa. São vítimas da SCE e da SPA. Ir para a escola com déficit de energia lhes é frequentemente um martírio. Por isso, não se concentram, são inquietos, não conseguem ficar sentados, dormem em classe, têm conversas paralelas.

Diante desse quadro dramático, notifico com muita alegria que desenvolvi o programa Escola da Inteligência,[5] que talvez seja o primeiro programa da atualidade de gestão da emoção para crianças e adolescentes, aplicado em mais de setecentas escolas. Muitos países estão muitíssimo interessados em aplicá-lo. O programa tem como meta a prevenção de transtornos emocionais, o gerenciamento da ansiedade, o desenvolvimento da oratória, do autocontrole, da ousadia, do empreendedorismo, da autoestima. Outra grande notícia: estamos usando recursos do programa para adotar em inúmeras instituições que atendem crianças e jovens, como casas de acolhimentos, oferecendo gratuitamente as melhores ferramentas educacionais para crianças abandonadas. Nosso sonho é adotar todos os "orfanatos" do país.

Socorro, meu filho não dorme

A história do sono começa na gravidez. A qualidade do sono da mãe interfere na qualidade do sono do feto. Uma nuvem de moléculas pode atravessar a barreira placentária quando a mãe está estressada e fatigada e interferir no

---

[5]. O programa Escola da Inteligência entra dentro da grade curricular das escolas, com uma aula por semana. São mais de 300 mil alunos aprendendo a gerir sua emoção. Psicólogos e pedagogos treinam mais de 8 mil professores em mais de setecentas escolas. Os pais e os alunos amam o programa. Para mais informações, acesse <www.escoladainteligencia.com.br> ou entre em contato pelo telefone (16) 3602-9430.

comportamento e equilíbrio do bebê. Se nos finais de semana as mães puderem dormir nove ou dez horas, o feto agradece. Depois de nascerem, o sono das crianças e depois dos adolescentes deveria ser um solo sagrado.

Você pode brigar com o mundo, mas se brigar com sua cama, vai perder. O sono, reitero, é o combustível da vida. O feto precisa descansar muito, pois ele está numa fase de crescimento espantoso. Ele dobra de tamanho muitas vezes por mês no início da gestação. O metabolismo a mil por hora precisa de períodos de relaxamento, e o mesmo ocorre com a criança. Pais agitados, que não dormem bem, com alto índice GEEI, são intolerantes, impacientes, irritadiços, elevam o tom de voz, têm reações explosivas, o que afeta muito o desenvolvimento da personalidade de seus filhos.

Não é a quantidade de trabalho dos pais, em tese, que determina o grau de estresse deles, mas a maneira como protegem sua emoção e contemplam o belo. Por incrível que pareça, mães que trabalham até no dia do parto podem gerar crianças calmas, pois apesar do trabalho laboral intenso, elas não apresentam alto índice GEEI, não cobram muito de si e nem dos outros, não sofrem por antecipação, não ruminam o passado, sua autoestima é elevada, vivem aplaudindo a vida.

De outro lado, mães podem não trabalhar fora, ficar deitadas numa rede durante oito horas por dia e gerar filhos ansiosos, pois têm alto índice GEEI, não sabem filtrar estímulos estressantes, vivem perturbadas pelo futuro, produzem com frequência monstros que as assombram no teatro de sua mente. Pais precisam elevar o índice GEEU (Gasto de Energia Emocional Útil) e não GEEI.

OITAVA REGRA DE OURO

CUIDAR DO CORPO E PREVENIR DROGAS

Uma geração egocêntrica e preguiçosa

Exercícios físicos podem ajudar na construção de uma emoção tranquila e serena, pois liberam endorfinas, um notável calmante biológico natural, que relaxa e acalma o cérebro. Pais sedentários são capazes, em tese, de ter mentes mais estressadas e irritadiças do que aqueles amantes dos esportes. Pais e jovens sedentários, que descuidam do seu corpo, que vivem atolados no sofá comendo e assistindo à TV, tendem a desfrutar menos da vida que pais e jovens amantes dos esportes.

O esporte desacelera a mente, aquieta os pensamentos perturbadores, melhora a autoestima. Antes do século XX, esporte era andar, fazer longas jornadas a pé, andar a cavalo, pescar, observar os sons da natureza, os troncos carcomidos das árvores, a orquestra do vento. No século passado, era o futebol, o tênis, o basquete, o vôlei e tantos outros.

Entretanto, gostar de esportes não quer dizer praticar esportes. Torcer desesperadamente por um time, roer unhas, se angustiar com as partidas não é saudável. O filósofo Arthur Schopenhauer afirmou com propriedade que entregar nossa felicidade em função da cabeça do outro é autodestrutivo. Torcedores que projetam seu sucesso emocional no sucesso de um time transferem a responsabilidade de ser feliz e saudável aos outros. Eles têm um reduzido caso de amor com sua saúde emocional e baixo limiar para lidar com perdas. Se o Eu for um bom gestor da mente humana, viverá a seguinte tese: minha paz vale ouro, o resto é resto.

O melhor de todos os esportes é a caminhada contemplativa. Andar num passo mais acelerado, mas não exagerado, exercitando músculos e desfrutando da paisagem produz um cardápio emocional fascinante. Provoca o arquivamento de janelas Light que oxigenam e ajardinam o centro da memória, a MUC.

Crianças e adolescentes, ou mesmo adultos, para aliviarem a SSC e a SPA, deveriam aprender a ter o prazer de caminhar, se interiorizar, relaxar, elaborar experiências. Quem caminha contemplativamente viaja dentro de si, quem viaja dentro de si liberta a imaginação, quem liberta a imaginação desenvolve o raciocínio complexo e produz mais sonhos, e quem raciocina e sonha navega melhor nas turbulentas águas da emoção.

Todavia, o que mais definirá a gestão da ansiedade e a saúde emocional de um ser humano, enfim, o que mais resolverá a equação "educadores estressados, jovens inquietos" não são os exercícios físicos, mas o exercício mental. Praticantes de esportes cujo Eu é um péssimo piloto da aeronave mental, que pensam sem controle e supervalorizam pequenos atritos são incapazes de reciclar ideias perturbadoras, podem ser uma pilha de nervos e uma fonte estressante para os jovens.

De outro lado, embora não seja recomendável, pessoas que não praticam esportes, mas que possuem um Eu que pilota bem a sua mente, que impugna pensamentos pessimistas, que não ruminam mágoas e frustrações e são mais generosas com seus desafetos podem ter uma psique regada a prazer, desenvolvem uma fonte da tranquilidade.

Para educar o Eu como gestor da mente humana, é fundamental e até essencial ensinar nossos filhos e alunos a praticar o melhor dos esportes, ser autônomo ou líder de si mesmo: não levar a vida a ferro e fogo, fazer o silêncio proativo, não brigar, ferir ou agredir quem os agrediu, ser flexível, não viver em função da cabeça dos outros nem da aceitação social. Ser autônomo exige olhar primeiro para nós mesmos para depois observar os outros. Muitas celebridades, inclusive do esporte, são vítimas do que os outros pensam e falam a respeito delas. Não têm autonomia. Tiveram sucesso no esporte e nas artes, mas são escravos vivendo em sociedades livres.

Atualmente, o "esporte" da juventude é clicar celulares. Antes, o esporte produzia a troca, o trabalho em equipe, trabalhava frustrações, mas, apesar de todas as exceções, hoje, o "esporte" nas redes sociais produz o disfarce, a troca superficial de frases e a solidão tóxica, onde se fala com muitos, mas raramente profundamente com alguém, onde se vive um personagem incapaz de se frustrar. Antigamente, o esporte produzia o espírito coletivo e o respeito pela vida; hoje, o "esporte" nos video games produz o individualismo e o assassinato virtual dos vilões sem história, destituído de humanidade. Matar por matar, gerando no inconsciente coletivo a falta de sensibilidade pela vida.

Crianças e adolescentes deveriam ter o prazer de praticar esportes, em destaque o maior de todos os esportes, a pilotagem do veículo mental. Na era digital, nunca tivemos uma geração tão preguiçosa, pacata, isolada em seu mundo, sem apetite emocional para praticar esportes físicos. Essa é outra causa da obesidade, da ansiedade, do medo de falar em público, da timidez, da depressão e das doenças psicossomáticas ou de origem emocionais.

Drogas: escravizando o cérebro

Drogas psicotrópicas lícitas (como ansiolíticos, cigarros e álcool) e ilícitas (como cocaína, crack, maconha) produzem metabolitos que passam pela barreira placentária e podem interferir no desenvolvimento físico e mental do bebê. As mães não deveriam apenas cuidar carinhosa e inteligentemente da sua nutrição física, mas do seu cérebro e do cérebro do feto. E isso passa por abster-se completamente do uso de drogas.

Caso a mãe esteja muito deprimida ou ansiosa, é aceitável que tome medicamentos psicotrópicos, como antidepressivos, mas sempre com orientação médica, controle de dosagem e por tempo determinado. A escolha da molécula do antidepressivo é importante, principalmente no primeiro trimestre de gravidez.

O meio ambiente uterino deveria ser sagrado, inviolável, para que os filhos da humanidade se desenvolvam de forma saudável, se preparando para o encaixe no último mês de gravidez. Nesse período, o bebê pouco poderá se mover, algo difícil de suportar para quem vivia fazendo graciosos malabarismos. O ambiente uterino deixe de ser um oásis para o feto e passa a ser estressante, como uma solitária. Tente ficar um dia preso numa bolsa sem se mover. O feto era livre, agora está encarcerado. Mas esse fenômeno é importante para preparar o bebê para mergulhar num ambiente mais estressante ainda: o útero social.

Em minha observação, os bebês que nascem muito prematuros se preparam pouco para o ambiente uterino e se tornam mais ativos, agitados, serelepes, sendo confundidos com crianças hiperativas. Ferramentas de gestão da emoção são vitais para que se tornem protagonistas da sua história ao longo do processo de formação da personalidade.

Entre essas ferramentas está, como vimos, a TTE. Recordo que temos que elogiar todos os dias as crianças ansiosas, inquietas, hiperativas, quando apresentarem comportamentos calmos, dosados, altruístas, serenos. Aplaudi-las intensamente não produz narcisismo, até porque estamos na era da autocobrança e da autopunição. Mesmo crianças aparentemente alienadas se cobram muito e seus educadores não têm consciência disso.

A teatralização da emoção acelera a impressão de arquivos saudáveis nos solos da MUC, que geram a necessidade de eco social, de reagir pensando se seus comportamentos são ou não dignos de aplausos. Evidenciar desapontamentos e dor emocional, sem críticas e tom de voz exaltado, é a outra face da TTE para que essas crianças modulem seus gestos e entendam que eles impactam os outros. A TTE, se praticada diária e serenamente por pais e educadores lapida a emoção e gera uma revolução nos relacionamentos.

CAPÍTULO 8

Saber que ninguém muda ninguém, superar o ciúme e o medo da perda

O pensamento é real ou virtual? Eis a grande tese

O pensamento é o ferramental essencial de toda produção humana. O pensamento é a fonte das ciências, das artes, das relações, da literatura, do diálogo, do debate, da evolução e das mudanças emocionais. Estudar o pensamento, sua natureza, como ele se forma, como é gerenciado e registrado é, portanto, penetrar em camadas mais profundas do planeta mente!

Mas veja um absurdo inacreditável! Todas as escolas e universidades do mundo, incluindo as mais notáveis, usam exaustivamente o pensamento para que seus alunos assimilem a aprendam matérias básicas e técnicas, inclusive sejam treinados a ser pesquisadores ao defender suas teses de mestrado e doutorado. Mas as escolas e universidades ensinam aos alunos como os pensamentos são produzidos, quais são seus tipos, como eles são registrados ou mesmo qual a natureza deles?

Não é um contrassenso, um paradoxo, usar o pensamento como matéria-prima para todas as atividades intelectuais sem saber sua essência? O pensamento consciente é real ou virtual? Ele incorpora a realidade do objeto pensado ou não? Quando um pai corrige um filho ou um professor dá uma bronca num aluno, o pensamento que eles usam é concreto, atinge a realidade psíquica deles ou é virtual? Quando um ser humano discorre e debate sobre o outro, ele está falando exatamente sobre o outro ou também dele mesmo? É uma grande questão.

Toda vez que faço essas perguntas sobre a natureza dos pensamento, para educadores, psicólogos, médicos, alguns dizem que ela é real, outros, que é virtual, mas a maioria se cala sem saber o que responder. Vamos continuar com a arte da dúvida. Sem a dúvida, a ciência não progride. A resposta rápida é uma ditadura. O mundo das ideias nasce daqueles que não têm medo de questionar.

Quando um psiquiatra intervém num paciente com síndrome do pânico, ele incorpora a realidade do objeto pensado, enfim, consegue tocar a dor, o estado de implosão emocional do seu paciente, ou apenas interpreta essa dor? Ao responder essa pergunta, o céu de nossa mente fica mais claro.

Psiquiatras e psicólogos interpretam a dor, se eles a sentem, ela pertence a eles mesmos e não ao paciente. A dor não se comunica pelo ar, apenas códigos sonoros ou visuais o fazem dessa maneira. Se interpretam a dor, é porque não têm a realidade do objeto interpretado, e se não a têm é porque os pensamentos conscientes resultantes dessa interpretação são virtuais, não reais.

Tudo o que pensamos sobre nossos filhos, alunos, companheiros(as) e colaboradores é virtual. E, se não nos esvaziarmos de nós mesmos e nos colocarmos no lugar dos outros, os pensamentos que produzimos sobre eles não têm nada a ver com o que realmente são, serão fundamentados apenas em nossa personalidade. Portanto, se o pensamento é virtual, eu jamais tenho a verdade absoluta, a humildade deixa de ser uma característica periférica da inteligência humana para se tornar um pilar central da sabedoria.

Não estudar o fenômeno do pensamento asfixiou as ciências humanas, acarretando consequências seríssimas para a formação de pensadores, para a prevenção de transtornos psíquicos, para a pacificação de conflitos, para se evitar a violência social, as guerras, os homicídios, os suicídios.

Todo cozinheiro que se preze sabe que os pães e as massas têm muito carboidrato e as carnes, proteína, pois conhece a natureza dos alimentos, mas os cozinheiros do conhecimento (educadores, pais, profissionais de saúde mental, juristas, políticos) frequentemente não têm ideia da natureza do próprio conhecimento, pois raramente essa área foi estudada. Como se relacionar com os outros ou educar sem saber que nutriente estamos oferecendo? Estamos libertando a mente dos nossos filhos ou aprisionando-a? Muitas vezes, estamos prendendo quem amamos acreditando que estamos fazendo o oposto.

Por não saber como os pensamentos são produzidos, armazenados, qual a sua essência, as escolas podem não apenas não contribuir para libertar o intelecto humano, mas asfixiá-lo. Como comentei, enfileirar os alunos estimula o fenômeno RAM a registrar janelas Killer que alicerçam um sistema de hierarquia intelectual gravíssimo, promovendo a timidez e bloqueando o debate de ideias e a formação coletiva de pensadores. Só a exceção dos alunos é que brilha.

Toda a área da ciência tem um elemento básico. Estudá-lo revoluciona a produção científica. Ter pesquisado o elemento ou tijolo básico da biologia, a célula, revolucionou a produção e o armazenamento de alimentos, a produção de vacinas e de antibióticos. Ter estudado a unidade básica da química e da física, o átomo, revolucionou a produção do conhecimento que gerou a tecnologia do som, da imagem, dos transportes, da computação. Mas qual é a unidade básica da psicologia, da sociologia e da pedagogia? Temos dificuldade de responder porque houve um ponto cego, um buraco negro, nas ciências humanas. Elas não identificaram e, por isso, não supervalorizaram seu grande objeto de estudo: o pensamento.

Sem estudar o fenômeno do pensamento, não desenvolveremos ferramentas de gestão da psique. Esperaremos as pessoas adoecerem emocionalmente para depois tratá-las, uma atitude desumana. Centenas de milhões de pessoas adoecerão e talvez nem 1% vai se tratar, seja porque o tratamento é caro, porque não há profissionais de saúde mental disponíveis ou porque as pessoas escondem ou negam seus conflitos.

> **NONA REGRA DE OURO**
>
> NINGUÉM MUDA NINGUÉM, MAS TEMOS
> O POTENCIAL DE PIORAR OS OUTROS

Agora já sabemos: o pensamento consciente é virtual. Se não fosse, não poderíamos produzir pensamentos sobre o futuro, pois ele é inexistente, nem resgatar o passado, pois não é possível retornar até lá. Durante anos, em milhares de dados, enquanto produzia conhecimento sobre o próprio conhecimento e confeccionava pensamento sobre o próprio pensamento, fiquei fascinado, atordoado com a complexidade da mente humana.

Como somos extremamente imaginativos, criativos, plásticos, em nossa mente! Você e eu criamos em nossos sonhos personagens, ambientes e cenários incríveis. Durante o dia, desenhamos em nossa mente pessoas e circunstâncias sofisticadíssimas sem usar pincéis, verdadeiras obras mentais, ainda que algumas sejam aterradoras, como a fobia social ou a claustrofobia.

A tese é que na esfera da virtualidade o *Homo sapiens* desenvolveu uma plasticidade construtiva e uma liberdade criativa fascinante, estupenda, fluida. Mesmo os pacientes psicóticos são extremamente complexos quando produzem ideias paranoicas ou de perseguição. Só discrimina os outros e não se fascina com a mente humana quem vive na superfície do próprio intelecto.

Mas, se o pensamento é virtual, existe entre pai e filho um espaço intransponível! Se o pensamento é igualmente virtual, há entre professor e aluno mais do que alguns metros que os separam, há uma distância insuperável! Do mesmo modo, entre um psiquiatra (ou psicólogo) e um paciente há um antiespaço. Essa é uma das teses centrais da psicologia e da sociologia. Psiquiatrias e psicólogos nunca deveriam controlar seus pacientes nem dar diagnósticos fechados, nem fazer intervenções como se fossem verdades absolutas. Deveriam, sim, com todas as suas técnicas, estimulá-los a serem autores de sua própria história. De igual modo, os educadores com seus educandos.

Por que ninguém muda ninguém? Porque o que é virtual não muda a emoção que é real, muito menos muda as janelas Killer na memória, que são reais, nem muda o Eu dos nossos filhos e alunos, que também é real. Temos de levá-los, estimulá-los, conduzi-los para que eles mesmos se reciclem e se transformem em autores de sua própria história.

Todos nós estamos mergulhados numa solidão maior do que imaginamos. Não me refiro à solidão de estar só no meio da multidão, capitaneada pela discriminação ou exclusão social, nem à solidão do autoabandono, conduzida por ações como punir, excluir e diminuir a si mesmo. Refiro-me à solidão paradoxal da consciência ou do pensamento virtual. Todos estamos profundamente sós, muito mais do que os poetas escreveram em versos, os pintores desenharam, os teóricos da psicologia e da filosofia imaginaram. Mas alguém dirá: isso é muito triste e angustiante! Ledo engano! Esse fenômeno é vital para a nossa socialização.

A solidão gerada pelo pensamento virtual produz um tipo de ansiedade vital, saudável, que nos faz construir relacionamentos, namorar, casar, ter amigos, construir grupos, fazer festas, jantares, para atingir a realidade nunca alcançada, para superar as amarras da própria solidão. Todos os dias, tudo que você faz tem seus objetivos: comprar, trabalhar, sonhar, frequentar reuniões, há um objetivo por trás de tudo, superar a solidão gerada pela consciência humana, que é virtual.

A solidão é tóxica. Mesmo um monge ou ermitão construirá personagens em sua mente para se relacionar, entreter, ainda que termine por estressá-lo. O amor humano é o fruto mais solene dessa solidão. Temos tanta necessidade de nos aproximarmos do outro, seja um filho ou parceira ou parceiro, que desenvolvemos o fenômeno da atração, do sentimento mais sublime, do amor. Podemos amar alguém intensa e até descontroladamente. Mas o amor, para ser sustentável, como comentei, precisa ser inteligente, regado de sonhos, elogios, apoios, e não haver cobranças, pressões, chantagens e ciúmes.

No fundo, nos amamos quando amamos os outros. Se não nos amamos, não amamos ninguém mais; se não amamos os outros, não nos amamos também. Mas amar não nos dá o direito de controlar, ter crises de ciúmes, elevar o tom de voz, constranger, fazer com que o outro perca sua individualidade e gravite em nossa órbita. As demais regras de ouro deste capítulo elucidarão esse tema.

Quem tem um amor inteligente faz de tudo para que os outros tenham sua própria órbita. Uma pessoa bem resolvida ama muito mais, uma pessoa mal resolvida controla muito mais.

DÉCIMA REGRA DE OURO

Superar o ciúme: o medo da perda acelera a perda

Se o pensamento é virtual, devemos extrair uma regra de ouro fundamental para formar mentes saudáveis: *ninguém muda ninguém, temos o poder de piorar os outros, não de mudá-los*. Quem já tentou mudar uma pessoa difícil? Se já tentou, sinto muito, você a piorou! Por não conhecermos a natureza dos pensamentos, nós os usamos como se eles fossem reais e não virtuais. Queremos gerar essas mudanças com crises de ciúmes ou elevando o tom de voz ou criticando ou sendo repetitivos. Em vez de produzirmos janelas Light, produzimos inúmeras janelas Killer, que extraem o "oxigênio" da MUC, do centro consciente de quem amamos.

Uma definição solene de ciúme ligada a última fronteira da ciência, ou seja, aos tipos, à natureza e à construção de pensamentos, é: *ciúmes é saudade de mim*. Eu exijo do outro a atenção que não dou para mim. Procuro o reconhecimento do outro que não ofereço para mim. Todos nós somos solitários devido à virtualidade dos pensamentos conscientes, mas quem tem crises de ciúmes sente-se muitíssimo mais solitário que a média, ainda que viva sob aplausos das multidões. Essa tese está no meu livro *Ansiedade 3: Ciúmes*.

Quem tem ciúme já perdeu: perdeu a conexão consigo, a autoconfiança, a autoestima. Quem tem ciúme tem medo da perda e esse medo acelera a perda, pois apequena, tira a elegância e os encantos da pessoa ciumenta. Quem é controlado pelo ciúme não tem um caso de amor consigo, mas exige que o outro o tenha. Ninguém resolve o buraco emocional de uma pessoa que não se ama, só ela mesma! Viva essa regra de ouro.

Casais ciumentos asfixiam a autoestima de seus filhos. Cobram um do outro, entram em atrito com frequência, constroem um inferno emocional dentro da família. Uma mulher ciumenta deveria reciclar sua insegurança e dizer com todas as letras para quem ama: se você me abandonar, quem vai perder será você, pois lutarei pelos meus sonhos e serei feliz.

Muitos pais têm ciúmes dos filhos. Creem que eles não lhe dão a atenção merecida. Por isso, contra-atacam, acusam-nos, os chamam de ingratos, mal-agradecidos, injustos, só valorizam os outros. Cobrar dos outros é a melhor maneira de perdê-los. Quem exige demais está apto a trabalhar numa instituição financeira e não a ter uma bela história de amor com quem ama. Coloque-os na geladeira um pouco e use as regras de ouro desta obra, incluindo a TTE, que você terá grandes chances de formar janelas saudáveis, pontes notáveis, com os filhos. Lembre-se: o medo da perda acelera a própria perda.

Na atualidade, os adolescentes estão vivendo crises intensas de ciúme. Eles controlam suas namoradas ou namorados pelas mídias sociais a cada momento. Ansiosos, querem retorno imediato e, se ele não vem, têm crises de abandono. Perderam o autocontrole. Controlar os outros nos diminui e diminui o amor. O amor nasce nos solos da liberdade.

CAPÍTULO 9

Não elevar o tom de voz nem criticar excessivamente

> **DÉCIMA PRIMEIRA REGRA DE OURO**
>
> NÃO GRITAR NEM ELEVAR O TOM DE VOZ

Nada é mais belo e inteligente do que corrigir, expor ideias, debater, emitir opiniões num tom calmo. Quem impõe suas ideias não atrai seus filhos, não seduz seus alunos e não encanta seu parceiro ou sua parceira. Mas é surpreendente que pessoas calmas possam detonar o gatilho da memória, entrar em janelas Killer, fechar o circuito da memória e ter ataques de raiva. Pessoas cultas podem igualmente dar espetáculos, não de paciência e tolerância, mas de terror.

O nível de silêncio de uma casa reflete o nível de maturidade emocional dos pais, o nível de harmonia de uma escola depende do nível de gestão da emoção dos professores. Alunos e filhos agitados, embora haja exceções, espelham os seus educadores. É fácil culpar as crianças e os jovens e não nos atribuir responsabilidades.

Elevar o tom de voz com filhos, alunos e demais pessoas que nos circundam é uma violência "gritante" que os piora. Mas essa atitude é praticada diariamente por milhões de educadores. Quando elevamos a voz, estamos usando o pensamento como se fosse real ou virtual? Real.

Sabemos, agora, que o pensamento é virtual, mas nossa espécie sempre o usou inapropriadamente, como se fosse real, como se pudesse mudar mentes inquietas, teimosas, arredias. Achamos que o tom de voz altissonante muda as matrizes do cérebro das pessoas, recicla rotas, transforma a maneira de ser e pensar. Mas, no fundo, só produz janelas traumáticas.

Quando elevamos o tom, intimidamos as pessoas ou, ao contrário, as estimulamos a partir para o contra-ataque, o que as torna a nossa imagem e semelhança, igualmente agressivas. Tanto intimidar quanto torná-las irritadiças coloca combustível na ansiedade delas, não resolve a equação: educadores estressados, filhos e alunos inquietos.

Sem dúvida, como vimos, devemos colocar limites em nossos filhos. Jamais deveríamos ceder às chantagens, mas, ainda que possamos não negociar debaixo de pressão, estudamos formas inteligentes de corrigir, e nenhuma delas passa por gritar, dar escândalos, esgoelar. Nenhuma delas passa por comportamentos apelativos.

Todo cérebro de uma criança e de um adolescente é um cofre, não existem mentes impenetráveis, mas chaves inadequadas. Gritar, se exasperar, se exaltar, são atitudes que fecham esse sofisticado cofre mental, ao invés de abri-lo. Por quê? Porque formas agressivas de correção acionam fenômenos inconscientes que constroem pensamentos e aprisionam o Eu: dispara-se o gatilho da memória, encontra-se janelas Killer, o volume de tensão faz com que a âncora da memória se instale de forma puntiforme, promovendo, assim, a síndrome do Cife (Circuito Fechado de Memória). A criança ou o jovem deixa de ser *Homo sapiens* e se torna *Homo bios*, instintiva, se intimidando ou partindo para o ataque, reproduzindo a agressividade dos educadores!

Bons educadores elevam o tom de voz, bloqueiam seus alunos, querem adestrá-los, enquanto brilhantes educadores são pilotos da aeronave mental que convidam seus filhos e alunos a fazer a mais importante viagem que devem empreender, uma aventura interior. Eles libertam seus educandos, os conduzem a ser pensadores.

Utilizar a arte da pergunta e não a da resposta é vital para esse processo. Por exemplo, indagar-lhes: reflita sobre seu comportamento; o que você pensa dessa reação? Quais as consequências de seus atos? Se você fosse um educador, você daria de forma irresponsável liberdade sem limites para seus filhos?

Além disso, apliquem a TTE para formar arquivos inteligentes. Outras técnicas, como a que estamos comentando e aquelas sobre as quais discorrerei também são vitais para promover o autocontrole dos jovens. Temos de fazer uma escolha: queremos ganhar a razão ou o coração de quem amamos? Queremos domar nossos filhos e alunos ou ensiná-los a pensar criticamente e a se tornar autônomos?

Sua maior responsabilidade como educador é desenhar sua imagem nos solos consciente e inconsciente de quem você ama. Se sua imagem for solene, certamente suas palavras terão grande influência. Ninguém muda ninguém, mas podemos levá-los a se autotransformarem.

O índice GEEI é alto, devido as disputas débeis, tom de voz exacerbado, atritos desnecessários, confrontos estúpidos, necessidade ansiosa de corrigir o parceiro ou a parceira. É um crime educacional os pais não terem paciência com suas esposas, elevando o tom de voz, criticando, sendo repetitivos. Eles estão agredindo não apenas sua parceira, mas o mais inocente dos seres humanos, seu bebê. Nada produz tanta dor em uma criança do que ver duas pessoas que ela ama, seus pais, brigando, digladiando-se como inimigos.

Eu procurei desenhar minha imagem na mente das minhas três filhas de forma solene. Em vez de levantar a voz quando erravam, eu usava a TTE, e dizia: "Papai ama muito vocês, mas me entristeceram com suas atitudes. Se quiserem continuar tendo esse comportamento, lhes permito, mas ele me machuca e pode ferir vocês". E imediatamente saía de lado.

Elas sempre recuavam. Não queria, como já apontei, uma obediência cega, queria torná-las grandes seres humanos, generosas, livres, saudáveis, capazes de pensar criticamente. Até hoje, não preciso elevar o tom de voz ou pressionar, basta falar com gentileza.

Se pais ou professores precisam elevar o tom de voz para que sejam ouvidos, algo está errado. Eles são pequenos na mente de seus filhos e alunos, mas grandes exteriormente. Se, ao contrário, eles forem grandes dentro das crianças e dos adolescentes, poderão falar com calma e inteligência que serão ouvidos, pois suas palavras terão eco emocional. Pense nisso!

Não exponha os erros dos seus alunos em sala de aula. Não grite com eles, não os constranja nem os humilhe. Se assim o fizer, estará produzindo janelas Killer duplo P, altamente encarceradoras. Se tiver que intervir, como veremos, primeiro elogie quem erra, chame o aluno pelo nome e diga que ele não é apenas um número na classe, mas um ser humano especial. Quando faz isso, você abre rapidamente o circuito da memória e deixa de ser um invasor de mentes. Em segundo lugar, use a arte das perguntas para que ele pense criticamente em seu erro.

Mas como nossas palavras terão eco se não sabemos gerir nossa emoção, se somos indelicados, especialistas em apontar falhas em crianças e adolescentes? Se nos irritamos, perdemos a paciência com facilidade e usamos nossa voz para intimidar? Como os encantaremos, se não sabemos valorizar cada momento que acertam, se somos lentos em aplaudi-los cada vez que foram generosos e pacientes? Não podemos ser apenas um manual de regras! Sem gestão da emoção, a relação entre pais e filhos, professores e alunos, deixa de ser um oásis e se torna um deserto.

DÉCIMA SEGUNDA REGRA DE OURO
NÃO CRITICAR NEM HUMILHAR

Criticar excessivamente é outra forma doentia de querer mudar os outros, de abrir o cofre das crianças de forma equivocada. Quem com frequência critica seus filhos e alunos forma tantas janelas traumáticas que definha a espontaneidade deles, bloqueia a ousadia, debela a capacidade de correr riscos para sonhar e lutar pelos próprios sonhos.

Há pais e mães que usam não apenas as armas dos gritos e atritos, mas também a metralhadora das críticas. Eles não suportam seus filhos agitados, repetindo falhas, sendo irresponsáveis, e disparam suas críticas sem parar. Os filhos erram de um lado e eles, do outro. Os filhos ascendem um fósforo e eles entram com o combustível. São intolerantes às frustrações.

Não usam estratégias para conquistá-los e educá-los. Para eles, educar é dar broncas, corrigir falhas. Ledo engano. Queridos pais, arem a terra, coloquem as sementes estrategicamente uma após a outra, cultivem e reguem com paciência que o tempo da colheita cedo ou tarde chegará.

Educadores que querem filhos e alunos destituídos de ansiedade, equilibrados, dosados, empáticos, numa sociedade consumista e intoxicada digitalmente, é melhor mudar para outro planeta, pois na Terra raramente os encontrarão. Nós os aprisionamos em nossas masmorras sociais e ainda queremos que sejam autônomos? Isso é injusto com eles.

Filhos e alunos do Oriente ao Ocidente estão com a SSC e a SPA. Lembre-se do estrago que o cartesianismo causou na mente do ser humano moderno. Encontrar crianças calmas e adolescentes serenos, hoje, é tão raro como encontrar ouro. Mas eles são os melhores filhos e os melhores alunos do mundo. Por quê? Porque são os que temos!

Até entre índios amazônicos a tranquilidade está se escasseando como ouro. Certa vez, fui convidado para dar palestras para membros de mais de sessenta tribos. Muitos liam meus livros. Logo após o evento, eles tiraram muitas fotos comigo, com celulares melhores do que o meu. Fiquei pasmo. A tecnologia digital está contagiando o mundo.

Um grande construtor faz obras-primas com os materiais que possui. Lembre-se do maior professor da história, *O homem mais inteligente da história*. Ele nunca desistiu de nenhum deles, embora o decepcionassem quase que diariamente. Seus alunos só lhe davam dores de cabeça: Pedro era hiperativo e inquieto, João tinha personalidade bipolar, Tomé era paranoico, Mateus era corrupto, Judas era dissimulado. Você daria crédito a esses alunos?

Ele deu todo o crédito do mundo. Ele usou até sua dor no ato da traição e no da negação para formar janelas Light no centro consciente de seus alunos, na MUC (Memória de Uso Contínuo), para transformar mentes toscas e rudes em pensadores brilhantes. Alguém dirá: "Mas não sou Jesus Cristo". Claro que não! Mas esse notável educador usou técnicas de gestão da emoção essencialmente humanas para formar seres humanos.

Quando criticamos excessivamente, estamos usando o pensamento como se fosse real ou virtual? Mais uma vez, real. Por isso, pioramos as pessoas. Usamos o pensamento como se fosse um bisturi para extirpar a irritabilidade, as birras, as incoerências, o autoritarismo de crianças e adolescentes. E quanto mais tentamos mudá-las, mais elas cristalizam o que detestamos, o que queremos mudar, pois mais formam janelas Killer, saturando a MUC.

Há professores que querem o silêncio absoluto em sala de aula. Reitero: com a SSC e a SPA, geradas pelas mídias digitais e pelo excesso de informações da atualidade, é quase impossível que consigam tal silêncio, a não ser por alguns momentos.

Muitos professores não veem a hora de se aposentar, estão com esgotamento cerebral em grau máximo. E com razão. Mas precisamos mudar nossos paradigmas. Os professores são cozinheiros do conhecimento que preparam o alimento para uma plateia que não tem apetite. Isso estressa, angustia, frustra! Mas os alunos não são culpados por essa crise de apetite intelectual.

Precisamos usar ferramentas de ouro para canalizar a energia mental ansiosa dos nossos filhos e alunos a favor deles, a favor da educação e do autocontrole. As velhas práticas cartesianas, racionalistas, não funcionam mais numa época em que alunos de sete anos de idade têm mais informações em sua mente do que os professores tinham no século XIX ou os imperadores possuíam no auge de Roma.

CAPÍTULO 10

Conhecer a geração dos jovens e brilhar em sala de aula e em casa

DÉCIMA TERCEIRA REGRA DE OURO

CONHECER A GERAÇÃO DOS NOSSOS FILHOS E ALUNOS

A humanidade tem passado por transformações no último século jamais vistas na história. Até o século XIX, nunca havíamos passado de 800 milhões de habitantes. A fome estava no encalço da maioria dos que viviam à margem das sociedades. Imagine que a produção e conservação de alimentos era completamente insuficiente. Colheitas problemáticas, associadas às epidemias e à inexistência de vacinas e antibióticos, dizimavam milhões de seres humanos inocentes. A esse caldeirão de angústias, somava-se as guerras, disputas irracionais, ditaduras inumanas. Viver era ser um herói.

As vacinas surgiram, os antibióticos apareceram, a produção de alimentos deu um salto, a democracia se expandiu, os direitos civis contagiaram as sociedades e, apesar da loucura das duas guerras mundiais, demos um salto para mais de 7 bilhões de habitantes. Algo inimaginável. O avanço tecnológico foi mais surpreendente ainda. Dizer no passado que teríamos o mundo nas palmas de nossas mãos, através de um celular inteligente, seria um surto psicótico.

O número de informações dobrava a cada duzentos anos, mas comentar que ele dobraria em apenas um ano seria um sintoma de loucura extrema. Pois bem, o mundo mudou, a maneira de ser e interpretar a vida também. Um menino de oito anos tem mais dados em sua mente do que o arrojado Sócrates ou o arguto Aristóteles. A movimentação de pensamentos na mente de uma criança não é mais a mesma, mas a educação familiar e escolar continua jurássica, ultrapassada.

E neste período de transformações incríveis, temos sentido a necessidade de classificar as gerações para não enquadrar as mesmas características nas mais diversas fachas etárias. Indivíduos de épocas distintas têm diferentes expectativas, percepções, sensibilidades, visões de mundo e níveis distintos de ansiedade.

A mente de um adolescente de hoje não é a mesma da do seu avô. A mente de uma criança tem algumas particularidades distintas da dos seus pais. Múltiplas variáveis, como "quem sou (minha personalidade)", "como estou (meu estado emocional)", "onde estou (ambiente social)" são contaminadas pelos estímulos de cada momento, deslocando o processo de construção de pensamentos e, consequentemente, de interpretação e formação da personalidade. O *Homo sapiens* é socioemocional!

Um jovem do século XIX com certeza tinha características diferentes das de um adolescente dos anos 1950, 1960 ou 1990 do século XX ou de um deste século. Optou-se, apesar das limitações de toda classificação, por chamar as gerações por nomes específicos. As principais classificações das gerações são:

Geração X

A primeira denominação surgida durante o início da revolução tecnológica foi a da Geração X. É a geração composta dos filhos dos *baby boomers*, surgida após a Segunda Guerra Mundial. *Baby boomer* é uma definição genérica para crianças nascidas durante uma explosão populacional – *baby boom* numa tradução livre em inglês "explosão de bebês".

Os integrantes da Geração X têm sua data de nascimento localizada aproximadamente entre os anos 1960 e 1980, ou um pouco antes. Eles ficaram deslumbrados com a TV, os processos industriais, o telefone, embora centenas de milhões de pessoas ainda estivessem de fora dessa janela desenvolvimentista. O mundo deixou de ser rural e se tornou cada vez mais urbano. O consumismo começou a ser encorpado. A Geração X era a geração "transforme!". Ela criticava a geração de seus pais, reciclava suas teses, defendia suas ideias, lutava pelos seus sonhos, era autônoma.

Geração Y

A Geração Y, originária da Geração X, foi beneficiada, nutrida e enriquecida com o desenvolvimento tecnológico produzido pela Geração X. A Geração Y é também conhecida como Geração *Next* ou *Millennials*. Nem sempre há consenso a respeito do período dessa geração, mas em tese a maioria da literatura se refere a ela como as pessoas nascidas entre os anos 1980 e 2000.

Ela se desenvolveu não no meio de bombas e canhões, mas no berço da explosão multimídia, da acessibilidade da comunicação, do uso de computadores pessoais, do acesso à internet e do início da superabundante safra dos smartphones.

Os filhos ou netos dos *baby boomers* da Geração X se acham mais espertos, rápidos e inteligentes que seus pais e muito mais que seus avós. Através da internet, foram provocados por estímulos jamais vistos na história. Deram um salto cognitivo no pensamento lógico, adquiriram uma habilidade incrível para lidar com máquinas. Mas começaram a ter dificuldade em lidar com seres humanos, em gerir pessoas, em trabalhar seus conflitos, se colocar no lugar dos outros. Flertaram com egoísmo, egocentrismo e individualismo.

O "transatlântico da emoção" da Geração Y começou a apresentar sérios problemas no casco. É uma safra de seres humanos mais frágil, menos autônoma, pouco resiliente e menos crítica do sistema social.

Geração Z

Em seguida surgiu uma geração super-rápida, superantenada, superconectada, a Geração Z. Essa geração é formada por indivíduos que nasceram na era digital, se embriagaram com as redes sociais e com dispositivos portáteis. Navegam pela internet com incrível facilidade, mas têm dificuldade de navegar nas águas da emoção. Alguns, como os da Geração Y, são preocupados com o meio ambiente, mas não com preservar os recursos naturais do mais delicado dos planetas, o planeta emoção.

Embora haja exceções, os membros da Geração Z têm baixo limiar para lidar com frustrações, pequenos problemas os invadem e os infectam. Paciência, nem para remédio. Não suportam esperar. Estão sempre insatisfeitos, se entediam com facilidade. Cinco minutos sem atividade e já gritam: "Não tem nada para fazer nesta casa!". Conectam-se com as redes sociais, mas raramente falam sobre si mesmos.

É questionável a faixa de nascimento dos partícipes da Geração Z, até porque isso depende de cada sociedade. Mas, em tese, nasceram de 1990 a 2009. Eles são excessivamente cartesianos. Por quê? Porque têm vergonha de admitir suas falhas e loucuras, não sabem falar de si mesmos, não conseguem pedir ajuda para superar seus conflitos, vivem uma persona nas redes sociais. Além disso, são rápidos para julgar e lentos para abraçar, têm déficit de altruísmo, raramente sabem se colocar no lugar dos outros.

Embora se achem gênios, muito mais inteligentes que seus pais e professores, compõe provavelmente a geração mais frágil, insegura, desprotegida, menos autônoma e mais egocêntrica e individualista que já pisou na Terra. A Geração Z não questiona as loucuras do sistema social produzido pelas gerações X e Y. Ao contrário, quer cada vez mais o veneno que produzimos.

É um fato, porém, que a Geração Z deu um salto cognitivo, que, embora inquieta, é espertíssima. Crianças e adolescentes dessa safra de seres humanos, se aprenderem a gerir sua emoção, expandir seu limiar para frustrações e trabalhar seu Eu para ser protagonista de sua história, farão coisas incríveis, poderão revolucionar o mundo. Eu sonho que a Geração Z possa se conectar consigo e com a sociedade. Sonho que tenha um caso de amor com sua saúde emocional e com a humanidade.

DÉCIMA QUARTA REGRA DE OURO

Como ser um educador brilhante em sala de aula!

Ao ser publicado em dezenas de países, sonho que este livro seja lido em um número máximo de nações. Sonho que um grito de alerta ecoe no teatro educacional nas sociedades modernas – modernas exteriormente, mas emocionalmente são jurássicas, senis, envelhecidas.

Querido professor, se os alunos da Geração Z não te ouvem, não é porque não querem, mas porque não sabem ouvir a eles mesmos. Se não te valorizam, é porque não sabem proteger sua emoção e se valorizar. Têm conversas paralelas porque são tensos e não sabem gerenciar sua ansiedade. Não os condene, os abrace. Não desanime, alcance-os. Irritabilidade, agitação, inquietação... Enfim, o problema deles não é com você, é com eles mesmos. Mas você pode participar do problema expandindo-o, se usar práticas erradas, ou aliviando, se usar ferramentas inteligentes.

Não queira sufocar a energia ansiosa dos seus alunos criticando, elevando a voz, perdendo o controle. Essa práxis só vai aumentar o índice GEEI (Gasto de Energia Emocional Inútil) deles e seu. Reitero: precisamos mudar a era da educação se quisermos educar com eficiência a Geração Z: da era do bombardeamento de informações para a era do Eu como gestor da mente. O racionalismo educacional durou quatro séculos, precisamos reorganizá-lo.

Sob a necessidade de mudança dos paradigmas educacionais, vou enumerar algumas técnicas fundamentais para um professor brilhar na sala de aula na era da ansiedade. Os pais, os casais e os executivos podem também extrair ensinamentos dessas técnicas.

Técnica 1 – Flutue sua voz: a sala de aula é um restaurante do conhecimento

Professores brilhantes devem flutuar a tonalidade da voz, aumentando-a e diminuindo-a para não serem cansativos. Professores que têm a mesma tonalidade da voz, a mesma impostação e a mesma postura equivalem a um mesmo prato sem tempero todos os dias. Nada mais cansativo.

A voz é a porta de entrada para a mente, assim como a música da emoção. A sala de aula deve ser um restaurante agradável e não um ambiente seco, frio, destituído de aventura.

Técnica 2 – Teatralize as informações: a sala de aula tem de ser um canteiro de emoções

Teatralizar o conhecimento toca a emoção, aquieta o pensamento, captura a mente dos alunos dispersos, desperta interesse, fomenta motivação. Na era do pensamento acelerado, da ansiedade coletiva, todo professor deveria fazer aulas de teatro, aprender a gesticular, impostar a voz, transmitir dados, por mais lógicos que sejam, de forma vibrante.

Por exemplo, deveria se falar do átomo e das partículas subatômicas com emoção, romantismo, não apenas flutuando a voz, mas teatralizando o conhecimento, gesticulando, encenando. Descrevendo a dança dos elétrons ao redor do núcleo como uma aventura. Deveria se chamar alunos na frente e fazer dinâmicas para mostrar a força, fusão e ficção nuclear.

Técnica 3 – O aluno tem de participar do processo: não faça da aula um monólogo – não dê aulas, dê desafios

Os alunos são desafiados constantemente nas redes sociais a dar sua cara para bater pelas mensagens que publicam, a procurar informações na internet. A mente dessa geração detesta ter babás. Ela é arrojada, dinâmica, proativa. Use a ansiedade dessa geração produzida pela SPA a favor do crescimento de cada um, para produzir janelas Light.

Reitero: é um crime querer domar ou adestrar a mente agitada dos alunos da atualidade, como o sistema educacional está fazendo no mundo todo. Os alunos precisam participar do processo e não ser espectadores passivos do conhecimento. Ainda que os alunos não usem celulares em sala de aula, a mente deles está afinada e até modulada pelo mundo digital. Nem os próprios alunos sabem por que são tão inquietos.

Não dê aulas secas, dê desafios; não faça monólogos frios, promova debates. Leve-os a fazer pesquisa fora e dentro das aulas. E, por favor, elogie os alunos, inclusive os mais difíceis e alienados. Nenhuma participação, nenhuma palavra, ainda que errada, deve ser desprezada. Exalte-os. Traga-os no seu coração.

Se o aluno for considerado um espectador inerte, não despertará interesse. Eles amam procurar, descobrir, fazer por eles mesmos. Precisam ser valorizados e exaltados como pesquisadores, caso contrário, o último lugar em que desejarão estar é dentro da sala de aula. Na realidade, milhões deles não suportam o ambiente racionalista e entediante das salas de aulas atuais.

Técnica 4 – Provoque os alunos: use a arte da dúvida – não ensine a matéria, ensine a pensar

Educar é provocar, educar é inspirar, educar é ter um caso de amor com o conhecimento. Ninguém ama o que não admira. Ninguém amará seus professores e sua sabedoria se não admirá-los. Professor deve ser mais que um transmissor de informações, deve ser um mestre que provoca seus alunos, inspira sua criatividade, fomenta sua ousadia, liberta o Eu para ser autor de sua história.

A dúvida e a pergunta preparam o palco para a resposta brilhar. Na era da ansiedade, os mestres devem ensinar perguntando, questionando, indagando, e nunca entregar o conhecimento pronto. Devem transformar a sala de aula num agradável restaurante do conhecimento.

É quase inacreditável que a educação cartesiana não entenda que o tamanho das respostas depende das dimensões das dúvidas, que cada resposta é o começo de novas perguntas. Não ensine a matéria, ensine a pensar. Professores não deveriam ensinar formulas da matemática, da física ou qualquer competência técnica de forma estéril, mas mostrar como elas surgiram, quem as produziu, qual sua utilidade.

Técnica 5 – Faça avaliações constantes

Na era da ansiedade, demorar um ou dois meses é esperar uma eternidade. Ainda que essas avaliações sejam aplicadas, é melhor fazer avaliações diárias, durante a exposição em classe, considerando o debate, a participação, o raciocínio esquemático. Essa técnica aumenta os níveis de concentração e interesse.

Técnica 6 – Humanize-se como professor

Na era das redes sociais, ainda que haja muitas dissimulações, os alunos querem tocar sentimentos, assimilar emoções, sentir a realidade. Por isso, as propagandas clássicas não funcionam mais e nem os órgãos de imprensa são os poderosos formadores de opinião que já foram.

O professor não deve ser um personagem em sala de aula, um ator que comunica algo que só está fora dele, sua matéria. Ele deve ser real, concreto, de carne e osso. Deve se colocar no processo. Falar, o tanto quanto possível, de algumas de suas experiências, crises, perdas e frustrações pelas quais passou. Essa técnica produz janelas Light inesquecíveis, criando pontes inabaláveis entre professores e alunos.

Transferir o capital das experiências dos mestres para os educandos é tão ou mais importante quanto transferir o conhecimento. Lembre-se: só amamos quem admiramos. Se o mestre é amado, o conhecimento que possui também o será; se o mestre é entediante ou rejeitado, muito provavelmente o conhecimento que transmite não será inspirador. Ser mestre da vida é a maior meta de um educador.

Técnica 7 – Humanize o produtor do conhecimento

Não apenas o professor deve se humanizar, como já expressei no livro *Pais brilhantes, professores fascinantes*. Ele tem a responsabilidade de humanizar também o pensador que gerou as ideias, o pesquisador que realizou as descobertas.

Na era da ansiedade, um dos maiores erros da educação mundial é não falar de perdas, crises, lágrimas, rejeições, insônias dos produtores que construíram as informações ensinadas em sala de aula. Sem humanizar o cientista ou o pensador, temos mais chances de gerar alunos frágeis e não fortes, servis e não críticos, conformistas e não ousados, tímidos e não empreendedores.

Qual geração mais produziu conhecimento, aquela em torno de Freud e Piaget ou as demais gerações que endeusaram esses pensadores, tornando-se freudianas ou piagetianas? Sempre é a primeira geração, pois enfrentou as dificuldades, as crises e as deficiências do pensador e também ousou pensar.

Técnica 8 – Sentar em círculo

Sentar-se em semicírculo pode motivar os alunos e acalmar a agitação. Olhar um nos olhos do outro é relaxante e incentivador. Os níveis de ansiedade são tão altos na Geração Z, que se esconder atrás da nuca do outro expande a tensão, facilita conversas paralelas e promove a distração.

Técnica 9 – Música ambiente

Música ambiente calma aquieta a emoção dos alunos, diminuindo os níveis de estresse e aumentando os de concentração. No passado, em testes que fizemos em escolas públicas com alto índice de irritabilidade e atritos, a música ambiente expandiu a tranquilidade e o prazer de aprender.

Técnica 10 – Educar a geração Z

Jamais deveríamos olhar para a história como zumbis intelectuais, esperando o fim da existência chegar. Deveríamos ter garra para interferir e reciclá-la. Temos o direito de entender que "quem vence sem riscos triunfa sem glórias". Se tivéssemos essa compreensão, criaríamos, nos reinventaríamos e viveríamos muito mais. Seríamos menos palestinos, judeus, europeus, americanos, africanos, asiáticos, e mais seres humanos, membros de uma grande família, a família humana!

Teríamos mais "Flemings", "Sabins", "Einsteins", "Piagets", "Freuds", inclusive, mais "Steve Jobs" e "Papas Francisco". Encontraríamos mais pensadores apaixonados por novas ideias, que se reerguriam do caos, perderiam o medo de se perder, duvidariam das suas falsas crenças ou pensamentos limitantes. Enfim, seríamos menos deuses e mais seres humanos!

Se fôssemos menos cartesianos e mais gestores de nossa emoção, estaríamos mais evoluídos social e cientificamente, puniríamos menos os erros e aplaudiríamos mais os acertos. Mas, infelizmente, respeitando as exceções, as famílias e as escolas estão despreparadas para educar a Geração Y, e, principalmente a Z. As universidades e as empresas também estão despreparadas para receber e se adaptar a essa geração aparentemente rebelde, mas fascinante, encantadora.

O sistema educacional racionalista está doente, formando jovens enquadrados em seus fechados paradigmas. Precisamos ser garimpeiros das ferramentas de ouro para arejar e cultivar os solos de nossa mente e da mente de nossos filhos e alunos.

CAPÍTULO 11

Ter alergia a ser entediante (ser repetitivo e passar sermões), dialogar e desenvolver a autoestima

> **DÉCIMA QUINTA REGRA DE OURO**
>
> Ser alérgico a ser entediante e repetitivo

Eu sou uma pessoa alérgica. Não é confortável ser alérgico. Pruridos, espirros, dificuldade de respirar e muitos outros sintomas nos perturbam. Mas estou preconizando um tipo de alergia que todos deveríamos ter, principalmente executivos, pais, professores e casais: alergia a ser chato, entediante, repetitivo.

Parece brincadeira, mas nunca houve tantos pais repetitivos, jamais tantos professores entediantes e líderes especialistas em corrigir seus seguidores com velhas e cansativas broncas. Na era do entretenimento onde a indústria do lazer, por meio de séries de TV, cinema, esporte, música, procura de todas as formas trazer novidades para cativar o espectador, os educadores como grandes comunicadores do teatro da sala de casa e de aula muitas vezes não fazem um esforço mínimo para ser mais versáteis, interessantes, encantadores e para atrair a audiência de seus filhos e alunos. Querem atenção, mas são pessoas marcadamente chatas e repetitivas.

Observe uma situação comum. Se um marido vê sua esposa cortando as suas respostas, ou vice-versa, interrompendo o discurso do seu pensamento, é comum ele criticá-la. Deveria ficar alegre com a intervenção da pessoa que ama, ainda que inúmeras vezes. Deveria, inclusive, diminuir o índice GEEI, colocar sua mente no piloto automático e relaxar, admirá-la. Mas não, o sujeito é chato e intolerante, fala em tom exaltado: "É minha vez de falar!".

Casais em que um compete com o outro entram num estado de falência. No começo da relação, são extremamente generosos, mas com o passar do tempo tem início a competição. Não se amam com um amor inteligente, calmo, encorajador, mas com um amor tosco, irritadiço, intolerante às frustrações. Não existe amor sustentável onde um não admira o outro.

Pais que falam mais de uma vez a mesma coisa quando corrigem seus filhos são chatos. Alguns falam mais de cem vezes, sem saber que na segunda vez eles já fecharam o circuito da memória. Professores que passam os mesmos sermões são chatíssimos. Parecem aquelas vitrolas antigas, onde a agulha ficava presa numa área do disco de vinil e repetia o mesmo trecho da música continuamente.

Quando os pais ou mestres abrem a boca para dar uma velha e entediante bronca, disparam inconscientemente na mente dos jovens o gatilho da memória que abre janela Killer e a âncora que fecha o circuito da memória, pois estes sabem tudo o que vem pela frente, portanto não ouvem mais nada, ainda que esgoelem, gritem, tenham crises de ansiedade. Todo esse mecanismo mental ocorre em frações de segundos. Não é que uma criança ou adolescente não queira ouvir seus educadores, é que não consegue, pois foi aprisionada pelo comportamento tedioso, chato, repetitivo de seus educadores.

Se você detesta filme de terror, e alguém o obrigasse a assistir um deles, seria prazeroso? Claro que não! Como então obrigar filhos e alunos a ouvir nossos velhos e repetitivos sermões, e ainda por cima esbravejar dizendo que eles são ingratos e rebeldes?

Fazemos pior que um filme de terror; passa ano e entra ano e somos chatíssimos, repetimos as mesmas palavras, fazemos as mesmas advertências, e ainda por cima queremos que nossos jovens nos ouçam calados, sem nem sequer olhar de lado! Isso não é colocar limites, é estressar o cérebro de nossos filhos e alunos. Por não entender a última fronteira da ciência, o processo de construção de pensamentos e formação do Eu, somos carrascos daqueles que amamos.

Pessoas viciam-se em pessoas

Você conhece casais que brigaram a vida toda e não se separam? São belos, inteligentes, bem-humorados, mas não quando estão juntos. Na presença um do outro são entediantes, repetitivos, cansativos. Viciaram-se um no outro.

Romances não duram se os casais não surpreenderem um ao outro. Por exemplo, um marido chato e entediante que aprendeu a gerir sua emoção chega com um buquê de flores e diz para a esposa: "De todas as coisas que conquistei na vida, você é a melhor delas". Impactada, ela responde: "Você pode não ser o homem mais perfeito do mundo, mas certamente é o homem da minha vida".

Um romance sustentável e renovador precisa romper o cárcere da rotina. O casal precisa instigar, inspirar, ser fã um do outro. Você inspira quem você ama? O casal deveria aplaudir um ao outro diante de qualquer gesto inteligente, generoso, sensível. Você aplaude seu marido ou esposa? Infelizmente, somos viciados em criticar, expor falhas, apontar defeitos. Pergunte para seus amigos se eles têm esse tipo de vício. Se têm, estão assassinando o romance. Casais que repetem as mesmas palavras quando estão tensos colocaram seus romances num asilo, envelheceram emocionalmente.

Se como casal, educador ou executivo você repete duas vezes a mesma crítica, bronca ou correção, você é uma pessoa pouco entediante, pois o ideal é falar uma vez só. Mas se repete três é uma pessoa razoavelmente entediante. Se repete três ou mais vezes, talvez nem você se suporta de tão entediante que é. Precisa ser alérgico a ser chato.

Casais deveriam treinar ser pacificadores, pais e professores deveriam ser formadores de mentes brilhantes. Ambos deveriam criar um clima calmo, alegre, sonhador, renovador, surpreendente, para educar quem ama.

Professores deveriam dizer para um aluno que errou na classe: "Você não é mais um número na classe, mas um aluno especial! Eu aposto em você, e creio que poderá fazer grandes coisas no futuro. Agora, pense em sua atitude!". Um pai deveria dizer para um filho que o decepcionou: "Apesar de ter me ferido, quero agradecer por você existir e ser fundamental na minha vida. Sem você, meu céu não teria estrelas, obrigado por existir, mas pense em seu comportamento".

O mundo precisa de pessoas que libertem seu imaginário, expressem palavras nunca ditas, impactem quem os ouve com sua sensibilidade, os desarmem com sua generosidade. Tais atitudes poderiam, inclusive, mudar a maneira de solucionar conflitos internacionais, por exemplo, entre árabes e judeus, imigrantes e europeus. Elas abrem o circuito da memória, arquivam janelas Light, oxigenam a mente, fornecem musculatura para o Eu ser protagonista da própria história!

Infelizmente, numa existência tão breve, em que deveríamos ser extremamente livres, engessamos nossas mentes e as de quem educamos.

> ## DÉCIMA SEXTA REGRA DE OURO
> ### Dialogar com inteligência

O diálogo é insubstituível para a formação humana, seja qual for a linguagem. Deveria começar quando o feto está em formação. Ainda que ele não entenda a mensagem intelectual dos pensamentos que usam os símbolos da língua, os pensamentos dialéticos, sentirá a mensagem emocional da mãe e do pai se eles falarem com frequência durante o desenvolvimento no útero materno. E utilizo Beethoven para defender minha tese, mais essa ferramenta de ouro.

Beethoven, quando perdeu a audição, entrou em crise depressiva intensa. O mundo ruiu aos seus pés. O cárcere da emoção o asfixiou: ideias perturbadoras, ausência de sentido de vida e autopunição o abarcaram. Mas rompeu esse cárcere ao ousar fazer belíssimas sinfonias colocando seus ouvidos sobre uma superfície e sentindo a vibração das notas musicais.

Por isso, pais deveriam cantar e falar com o bebê em formação colocando as mãos na barriga da mãe. Falar o quanto o amam, é bem-vindo, aguardado. Essas atitudes constroem janelas Light nos pais e induzem a emoção do feto, ainda que diminutamente. Após o nascimento, eles se identificarão com os pais.

O diálogo deveria ser acelerado pelos responsáveis pela educação da criança. Construir uma pauta de diálogo frequente, agradável e relaxante aproxima o planeta mente dos educadores e dos educandos, cruza mundos, produz espaços internos explorados.

Se há uma regra de ouro que todos acham que conhecem é a importância do diálogo. Aparentemente, seria dispensável falar sobre ela nesta obra, mas infelizmente sabemos falar, emitir sonhos, discorrer sobre assuntos, mas não dialogar. Muitos intelectuais, psicólogos ou psiquiatras não sabem minimamente dialogar com quem amam. Atendi a diversos desses profissionais. Muitos sabiam atender pacientes, mas não conseguiam construir pontes com seus filhos e parceiras(os). Mas afinal de contas, o que é dialogar?

Dialogar não é expressar palavras secas, frias, destituídas de sentimentos, é falar sobre nós mesmos com a linguagem do coração.

Dialogar não é falar de cima para baixo, diminuindo quem nos ouve, mas olhar na mesma altura dos olhos, exaltando quem amamos.

Dialogar não é se colocar como um ser humano acabado, mas como um ser humano em construção que contribui com outros seres humanos em construção.

Dialogar não é ouvir o que se quer ouvir, mas o que o outro tem para dizer.

Dialogar não é ter a necessidade neurótica de ser perfeito e defender com unhas e dentes suas posições e ideias, mas reconhecer erros, pedir desculpas, levar em alta consideração quem debate conosco.

Dialogar não é ter a necessidade neurótica de ser o centro das atenções, mas sentir o prazer de promover os outros para que brilhem no palco de sua mente.

Dialogar não é ser indiferente e indelicado enquanto o outro fala, inclusive quando ele não tem a mesma velocidade e coerência de raciocínio que você, mas expressar várias vezes durante o diálogo que o está apreciando, parabenizar o interlocutor, ainda que seja uma criança, e conduzi-lo de forma inteligente e produtiva.

Dialogar não é falar de política, economia ou esporte, mas comentar os capítulos mais importantes de nossa biografia, as dificuldades e derrotas que atravessamos e as lágrimas que choramos, para que nossos filhos e alunos ousem escrever as suas próprias biografias sem medo e com dignidade.

Pais e professores inteligentes, que aprendem as técnicas do *coaching* da gestão da emoção apresentam diálogos inteligentes. Perguntam: "O que você está sentindo? Que medos o abarcam? Que sonhos você tem? Que pesadelos o afligem? O que eu posso contribuir para te fazer mais feliz?". Questionamentos como esses deveriam ser o cardápio principal para nutrir a relação entre educadores e educandos, entre casais, entre amigos.

Maridos que aprendem as técnicas de gestão da emoção deveriam ir além, e afirmar: "Você está mais linda do que sempre foi! Seu corpo não está deformado com a gravidez, ganhou uma escultura inenarrável". Os homens mais românticos e saudáveis deveriam ser menos cartesianos e mais poetas da vida!

Pais e professores que são impacientes e intolerantes, que não sabem dialogar de forma inteligente e bem-humorada com seus filhos e alunos, estão aptos para lidar com máquinas, mas não para formar pensadores. Não libertam seu potencial criativo para contribuírem para produzir mentes livres e saudáveis. Podem, sem saber, estar preparando seus filhos e alunos para serem futuros pacientes dos consultórios de psiquiatria e psicologia.

O diálogo rico, contínuo, saturado de risadas e elogios produz uma revolução cognitiva, irriga o desenvolvimento das artes da observação, interiorização, relaxamento, imaginação e pensamento abstrato. Esses elementos nutrem uma emoção saudável, calma e contemplativa.

As grávidas precisam de notáveis diálogos. Existe uma série de estratégias não medicamentosas que aliviam a ansiedade e o humor depressivo delas. Por exemplo, desenhar, tocar instrumentos ou ter atitudes filantrópicas. Essa estratégia desacelera os pensamentos angustiantes, melhora o foco, relaxa e induz ao prazer. Mas nada é mais agradável do que se reunir com as amigas para conversar e contar histórias. O diálogo leve e descompromissado pode ser arrebatador se for feito com frequência.

As mulheres são mais resilientes, em média, que os homens. Muitos homens sofrem calados, o que é sinal não de resiliência, força e coragem, mas da robotização do ser, da necessidade neurótica de estar sempre certo. As mulheres democratizam mais sua dor, a exteriorizam mais, o que favorece a sua superação.

Frequentemente, a quantidade de estímulos estressantes que as mulheres sofrem ao longo da vida é maior do que a os homens, até por conta da gravidez. Vítimas de terremotos, guerras, crises econômicas, as mães choram, mas poucos veem suas lágrimas; se deprimem, mas quase ninguém enxerga a sua dor. Abraçá-las e acolhê-las é vital. Por isso, temos de aplaudir, valorizar e apoiar financeiramente programas mundiais como Médicos Sem Fronteiras, que oferecem suporte a essas mães e aos seus filhos.[6] Esses médicos são poetas da humanidade.

Infelizmente, na era digital, não é preciso passar por guerras ou terremotos para viver em um ambiente emocional saturado de estímulos estressantes. Os pais viciados em smartphones, que acessam freneticamente seus aplicativos e suas redes sociais, podem desenvolver insatisfação crônica, altos

---

6. Saiba mais em <http://www.msf.org.br/>.

níveis de irritabilidade e ansiedade, o que os leva à intolerância com as frustrações. Tornam-se peritos em esmagar as regras de ouro que estamos expondo. Pequenas contrariedades os fazem perder a paciência, gritar, apontar falhas, dar broncas, criticar. São ecologistas físicos, não aceitam lixo sobre a mesa ou o solo, mas antiecologistas mentais, que poluem o delicado planeta emoção de seus filhos.

Pais e professores plugados em celulares substituem o diálogo pelo envio de mensagens. Deixam de admirar os personagens mais incríveis do mundo, seus filhos e alunos. É um crime educacional usar celular na frente das pessoas que nos são caras. No fundo, elas se tornam "baratas", estão deixando de ser nossa prioridade. Elas são sua prioridade? Verifique se você usa celular na frente dos seus filhos, parceiro(a), amigos, em vez de ouvi-los, aplaudi-los, emocioná-los. O ser humano moderno está mais doente do que imagina.

Crianças que mentem são inteligentes

Estimulem seus filhos a dialogar desde pequenos. Aplauda as conversas, inclusive as perspicácias, astúcias e dissimulações deles. Não se escandalize quando eles mentirem ou dissimularem.

De acordo com pesquisas, nos primeiros dez minutos de conversa, 60% das pessoas contam duas ou três mentiras. Contar algumas delas, dissimular, falar meias verdades, faz parte do ser humano. Não que seja adequado, mas mesmo o mais puritano dos religiosos usa essa estratégia, ainda que negue. Algumas estratégias são aceitáveis e inteligentes e têm como objetivo poupar sofrimentos. Dizer para uma mulher "acho que você emagreceu um pouco" é muito melhor do que dizer "você continua gorda!". Alguém pergunta se está tudo bem. A resposta muitas vezes é a imediata "tudo", ainda que a pessoa viva um caos emocional.

Todo educador deve saber que a grande maioria de seus filhos e alunos mente, esconde, nega. Claro, negar e mentir sobre fenômenos importantes gera uma personalidade dissimuladora, o que é grave e deve ser reciclado. Todavia, pais e professores não deveriam dar broncas, gerar janelas Killer em quem errou, dizendo: "Você é um mentiroso!". Até porque os educadores também mentem e deveriam apontar o dedo para eles próprios também.

Deveriam, ao contrário, dialogar, aplaudir as estratégias das crianças e dos jovens e usar a energia deles a favor do crescimento. Apresentariam para eles os riscos sem puni-los. Na primeira infância, entre os 4 e os 6 anos, as crianças mentem muito, pois querem poupar a dor, seja qual for. Há pesquisas que apontam que crianças com esse tipo de habilidade têm mais sucesso do que aquelas extremamente certinhas. Educar o Eu delas é vital para que pilotem a aeronave mental.

Mentir ou dissimular é um raciocínio mais complexo do falar a "verdade", pois abre um número maior de janelas com milhões de dados para serem elaborados. Os computadores jamais conseguirão mentir. Não condenem, não diminuam, não elevem o tom de voz nem critiquem quem falha, ao contrário, dialoguem abertamente, eduquem generosamente, valorizem quem falhou para depois mostrar os riscos. Não sejam racionalistas, sejam educadores inesquecíveis, formadores de mentes inteligentes e apaixonadas pela vida e pela humanidade.

CAPÍTULO 12

Dar excesso de presentes gera mendigos emocionais; a técnica DCD (Duvidar, Criticar e Determinar)

> **DÉCIMA SÉTIMA REGRA DE OURO**
>
> Fazer a higiene mental – a técnica DCD

Os bebês mexem tanto com a cabeça das mulheres que elas podem, diferentemente de outros animais, desenvolver depressão pós-parto, capitaneada por ansiedade, inquietação, profunda tristeza, insônia, fadiga dantesca e, entre outros sintomas, medo do futuro e um tremendo sentimento de culpa por não estar cuidando do seu pequeno filho.

O medo do futuro, de perder o filho, bem como o sentimento de incapacidade e autopunição, associados a alterações metabólicas e deformação do corpo gerada pela gravidez, fomentam o caldeirão de emoções angustiantes que podem propiciar esse tipo de depressão.

Ao contrário do que muitos pensam, as mulheres são valentes até quando se deprimem e se afastam de seus bebês. Muitas têm medo de machucá-los. Durante mais de 20 mil atendimentos psicoterapêuticos e psiquiátricos, vi mães assaltadas em suas mentes com imagens mentais horríveis.

Amavam tanto seus bebês e ficavam tão impactadas com a fragilidade deles que construíam imagens perturbadoras. O medo de perdê-los, de não conseguir cuidar deles, as atormentava. Não as culpem, abracem-nas! Elas precisam de médicos, principalmente de um ginecologista e um psiquiatra. Além disso, ensine a elas uma ferramenta de ouro do *coaching* de gestão da emoção para a prevenção de transtornos psíquicos: a técnica DCD. Explico-me!

Todo ser humano, seja criança, jovem ou adulto, mulheres grávidas ou não, pais ou professores, executivos ou funcionários, deveria aprender a fazer a higiene mental tal como faz a higiene bucal. Como? Todos os dias, em silêncio mental, deveria aplicar a técnica DCD (Duvidar, Criticar e Determinar).

Deveria **duvidar** de tudo que o controla, pois aquilo em que crê a controla. Duvidar do controle do medo, da autopunição, do sentimento de incapacidade, de não dar conta de tanta responsabilidade, de que seus filhos não desenvolverão uma personalidade saudável. Deveria ainda, **criticar** sua baixa autoestima, sua fragilidade, seus pensamentos asfixiantes, o conformismo e as falsas crenças. Deveria também, para completar a técnica DCD, **decidir** a cada momento ser livre, seguro, leve, relaxado, gestor de sua mente.

A técnica DCD pode ser feita espontaneamente todos os dias, por três ou quatro minutos a cada vez. O ideal é que seja realizada antes de sair de casa e logo ao deitar na cama. Iniciar e finalizar o dia com higiene mental relaxa, acalma, debela nossos predadores mentais, reedita nossa história.

Se todos os dias as crianças, os jovens e os adultos em todas as nações fizessem essa técnica disciplinadamente, evitaríamos centenas de milhares de suicídios e milhões de outros transtornos emocionais por ano. A técnica DCD é revolucionaria.

Há centenas de milhões de mulheres que se atormentam por causa dos seus cárceres psíquicos, em destaque por causa da ditadura da beleza. Há um leão rugindo dentro delas. O padrão tirânico é atroz. Mulheres que não usam técnicas como a DCD ficam emocionalmente indefesas. Seu Eu não sabe enfrentar seus predadores exteriores e interiores. Arquivam tantas janelas Killer que, pouco a pouco, perdem leveza, suavidade e alegria de viver.

DÉCIMA OITAVA REGRA DE OURO
DAR EXCESSO DE PRESENTES GERA MENDIGOS EMOCIONAIS!

A sociedade de consumo está destruindo o instinto de preservação dos educadores, que estão perdendo os parâmetros sobre como educar filhos e alunos com as melhores ferramentas. Muitos estão com a SSC (Síndrome do Soldado Cansado), andam esgotados, sem força física, ânimo e coragem para educar, se reinventar, ter tolerância e ouvir as demandas de suas crianças e seus adolescentes. Também estão com a SPA, sua mente está agitada, sofrem de cefaleias, dores musculares, temem pelo futuro, andam esquecidos. Por isso, são impacientes com seus filhos, pequenos estímulos estressantes os perturbam. Não percebem que crianças erram, exigem, estilhaçam a rotina. Esqueceram-se de que educar é uma tarefa belíssima, mas extenuante.

Devido à SSC e à SPA, pais e professores não conseguem impactar os jovens com sua chama motivacional, pois ela está se apagando. Os pais deveriam ser os melhores palhaços, os grandes heróis e os mais excelentes contadores de histórias para seus filhos, mas estão com enorme déficit de energia biopsíquica, por isso os saturam de presentes para compensar sua ausência emocional. Mesmo pais não abastados fazem sacrifícios enormes, compram muitos presentes para seus filhos, para tentar abrandar a ansiedade de suas crianças. Como vimos, o presente mais caro e mais importante eles raramente dão: eles mesmos.

Há riscos emocionais em dar excesso de presentes? Muitíssimos. Talvez o que vou falar aqui os choque, mas é necessário. Dar roupas de marcas caras, tênis, sapatos, bolsas, smartphones, *tablets* e outros produtos sem nenhum critério, em excesso, gera importantes consequências.

Riscos possíveis que o excesso de presentes pode causar no processo de formação da personalidade das crianças e dos jovens:

RISCO 1 Fechar o circuito da memória e gerar comportamento viciante. As crianças e os adolescentes precisarão cada vez mais de novos produtos para sentir migalhas de prazer.

RISCO 2 Insatisfação crônica. O excesso de presentes estimula inconscientemente o fenômeno da psicoadaptação, o qual se caracteriza pela perda de sensibilidade pelos mesmos estímulos. Cansa-se ou se entendia rapidamente com brinquedos e produtos, fazendo com que precisem de muito para sentir pouco, o que leva os jovens a gravitar na órbita do ter e não do ser.

RISCO 3 Dificuldade de contemplar o belo e de conseguir exteriorização existencial. Um cérebro viciado em presentes não consegue fazer das pequenas coisas um espetáculo aos seus olhos. Valoriza o que o dinheiro pode comprar, mas não o que não tem preço, como a própria vida. Essa exteriorização existencial pode facilitar o uso de drogas ou levar os jovens a viver perigosamente, sem pensar nas consequências de seus comportamentos.

RISCO 4 Expansão dos níveis de ansiedade. A dificuldade de contemplar o belo e a insatisfação crônica levam à agitação emocional e à necessidade neurótica de querer tudo rápido e pronto.

RISCO 5 Imaturidade emocional e dificuldade de ser líder de si mesmo. Elas dificultam o processo de formação do Eu e sua habilidade de elaborar experiências: trabalhar perdas, frustrações, rejeições, limites.

RISCO 6 Envelhecimento precoce da emoção. O excesso de presentes, por gerar insatisfação crônica, fazer querer tudo rápido e pronto, criar dificuldade de elaborar experiências e de contemplar o belo, o excesso de presentes conduz crianças e jovens a envelhecer emocionalmente: reclamam muito, realizar tarefas é difícil, fazer um favor é um sacrifício, não conseguem se reinventar, não têm garra para lutar pelos seus sonhos. O excesso de estímulos da indústria do lazer também produz o mesmo efeito. Embora a emoção sempre possa rejuvenescer, estamos na era do envelhecimento emocional da juventude mundial.

RISCO 7 Expansão dos índices GEEI. Uma emoção insatisfeita, ansiosa, envelhecida, imatura, viciada em produtos não se estabiliza, relaxa ou se tranquiliza com facilidade. Ao contrário, desperdiça energia excessiva com pensamentos perturbadores, autocobrança, baixa autoestima, insegurança.

A somatória de todos esses riscos evidencia que o excesso de presentes pode produzir mendigos emocionais em massa. A ONU detectou que há 800 milhões de seres humanos famintos, que ingerem menos de 2 mil calorias diárias. Um número dramático. Mas o que a ONU não detectou é que há um número mais espantoso de seres humanos famintos emocionalmente. Há milhões de crianças e jovens que moram em confortáveis residências, mas não têm conforto, dormem em camas macias, mas não descansam, compram bilhetes para festas, mas estão sempre insatisfeitos e inquietos.

Queridos pais, não se condenem ao perceber seus erros, mas tenham coragem para corrigir suas rotas. Seus filhos precisam treinar seu Eu para conquistar aquilo que o dinheiro não pode comprar, refinar sua emoção para fazer das pequenas coisas um espetáculo aos seus olhos. Observem e apliquem as ferramentas de ouro para formar mentes brilhantes e saudáveis. Corram atrás do tempo.

Usando a técnica DCD para domesticar os predadores em nossas mentes

Deixe-me contar uma história. L. T. era uma mulher de quarenta anos, culta, inteligente e financeiramente abastada. Sempre teve a autoestima alta, até que, depois de ter tido duas filhas começou a guerrear com o espelho. Era uma especialista em achar defeitos em seu corpo. Parecia que usava um microscópio para se punir.

Uma mãe com a autoestima combalida dificilmente tem capital emocional para educar seus filhos a ter uma autoestima saudável. Suas duas pré-adolescentes, apesar de serem belas, também se tornaram peritas em criticar seu busto, seu culote, suas estrias. Uma delas detestava seu nariz, a outra, os cabelos. Para compensar o complexo de inferioridade das filhas, a mãe lhes entupia de presentes. Roupas de marcas caras, aparelhos eletrônicos, colares, brincos, aos montes.

A casa de L. T. era uma fábrica de estresse. Ela, hipersensível e angustiada. O pai, industrial, impaciente e intolerante às frustrações. Ambos não entendiam porque tinham tudo para serem felizes, mas eram uma família depressiva.

Felizmente, L. T. procurou ajuda, abriu o livro de sua história sem medo para um profissional de saúde mental. Pouco a pouco, descobriu que não apenas tinha um transtorno emocional, mas também um transtorno educacional, enfim, ela não lapidou seu Eu para pilotar sua aeronave mental. Era uma advogada notável, protegia seus clientes, mas não sabia proteger sua emoção, impugnar pensamentos perturbadores e nem confrontar ideias angustiantes. Sua mente não tinha um advogado de defesa. Ela era aprisionada injustamente dentro de si mesma. Vivia no cárcere da emoção.

Através do tratamento, mapeou seus conflitos, causas e consequências. E, além disso, começou a reeditar as janelas traumáticas que asfixiavam seu prazer de viver. Percebeu que era sabotadora de si mesma. Também começou a exercitar a técnica DCD fora do ambiente do consultório. Seu Eu deixou de ser passivo, todos os dias e em todos os lugares duvidava de tudo que a controlava, criticava seus pensamentos débeis e decidia onde queria chegar e o que gostaria de ser.

Entendeu que não adiantava fazer higiene corporal se não fizesse a emocional. Aprendeu a enfrentar as "feras" que estavam nos bastidores de sua mente devorando sua autoestima e autoimagem. Ao longo dos meses, L. T. deu um salto enorme. Conscientizou-se de que traumatizava suas filhas por ser pessimista e autopunitiva. Chorou, mas não se culpou, partiu para reconstruir sua história.

Correu atrás do tempo, aprendeu a dar o que o dinheiro não pode comprar. Abriu sua biografia para elas e proporcionou belíssimos diálogos sobre seus sonhos e pesadelos. Ensinou-as a poderosa técnica DCD. Disse-lhes: "A mamãe lhes deu muitos presentes, queria compensar-lhes a baixa autoestima. Errei muito, mas a técnica DCD as estimulará a fazer higiene mental e gerir suas emoções. Essa técnica vale mais do que milhares de presentes materiais. Vocês são belas com sua própria anatomia. Beleza está nos olhos de quem observa. Treinem ter um Eu que seja líder de si mesmo e emocionalmente livre".

As jovens felizmente aprenderam a se reciclar. Mas por pouco não expandiram as estatísticas das doenças mentais. Precisamos ajudar nossos filhos e alunos a se libertar de seus cárceres emocionais. Nunca se esqueçam de que há mais cárceres em nossa mente do que presídios nas cidades violentas. Exigir de nós o que não podemos dar, não relaxar diante de alguns erros, ter autoestima debilitada, ser tímido, pessimista, demonstrar crises de ciúmes são alguns cárceres sutis que nos aprisionam no único lugar em que todos deveríamos ser livres.

Sepultando os pais vivos

Mais do que viciar a criança a precisar de cada vez mais estímulos para sentir migalhas de prazer, gerando uma pessoa insatisfeita e ansiosa, o excesso de presentes prejudica a estrutura do próprio Eu. Vimos que quem forma a ME (inconsciente) é a MUC (consciente), embora haja reações patrocinadas pela carga genética que são inconscientes.

Um fato relevante é que tudo que não acessamos mais, que bloqueamos ou desvalorizamos, sai dos solos do consciente e vai para a imensa periferia do inconsciente, para o ME. Portanto, reitero, o inconsciente que descrevo na teoria da inteligência multifocal não é um fenômeno de outro mundo, um universo inexplorável, algo incompreensível, ao contrário, são milhões de experiências que estão nas janelas ou arquivos que formam as plataformas de nossa biblioteca existencial.

Vamos relembrar. Todas as experiências adquiridas pelo feto, pelo bebê, pela criança, pelo adulto, e que deixam de ser utilizadas de maneira diretiva e frequente e, aos poucos, são deslocadas da MUC para a ME, do consciente para o inconsciente. Esse é um processo normal na formação da personalidade, mas ele pode ser acelerado e contaminado.

Quando os pais dão excesso de presentes ou estímulos digitais para seus filhos, deixando-os sem nenhum controle sobre jogar video games, acessar redes sociais ou a internet, eles deslocam os fenômenos mais importantes da MUC (como pessoas, sonhos, projetos de vida) para a ME, para o inconsciente.

Se as amizades não forem cultivadas pelos jovens, elas vão dos solos do consciente pouco a pouco para as plataformas do inconsciente. E, ainda que não sejam completamente inacessíveis ou inconscientes, elas se tornam subliminares, desimportantes. A melhor forma de fazer com que os filhos enterrem o valor, a grandeza e a admiração por seus pais é entulhá-los de presentes.

Os presentes são mais fáceis de dar do que o coração, a história, as lágrimas, o diálogo profundo. É mais confortável, obtêm-se um sorriso rápido, embora superficial, dar um novo celular do que perguntar que medos sequestram nossas crianças, que angústias asfixiam nossos jovens. É mais fácil dar uma nova roupa do que indagar se eles estão nus emocionalmente, sem proteção, do que dizer: "Onde eu errei e não soube, que tipo de comportamento que tenho tido e que fere?".

Produtos e presentes podem ser uma forma sutil e dramática de calar nossos filhos, de aquietar a ansiedade por breves momentos, de silenciar a sua dor. O tempo passa e as consequências aparecem. Tudo que plantamos nos solos da mente de quem amamos um dia eclode. Há filhos que receberam grandes heranças de seus pais, mas os sepultam no território emocional. Quase não os visitam e, quando o fazem, raramente perguntam para seus pais sobre suas aventuras e lágrimas. Colocam-nos na periferia do seu psiquismo. Nada é tão triste quanto filhos sepultando pais vivos.

Como pai, sempre me preocupei em não dar excesso de presentes. Queria que minhas meninas contemplassem o belo, se reinventassem, corressem atrás das borboletas, fizessem da vida uma grande aventura, enfim, queria que elas conquistassem o que o dinheiro é incapaz de comprar.

Enquanto estava escrevendo este texto, minha filha Cláudia, a mais nova, entrou em meu escritório e me deu algo que nem todo o dinheiro do mundo pode comprar: um beijo prolongado na face. Interrompeu meu texto e me disse: "Este beijo vai te inspirar ainda mais. Te amo, papai". Sorri feliz da vida. Em seguida, pediu que eu almoçasse com ela, mas eu estava num emaranhado de ideias. Não podia parar. Toda vez que escrevo, fico completamente concentrado e absorto.

Disse-lhe que logo iria. Passados alguns minutos, ela insistiu. Deitada na mesa, bradou para eu me apressar. Rapidamente, encerrei estas palavras e fui ter com ela. Afinal de contas, ela é preciosa demais para mim. É muito fácil pais superocupados enterrarem seus filhos nos escombros de suas atividades.

Se nossos filhos e alunos são mais importantes que todo o ouro do mundo, temos que aprender a fazer interrupções, reciclar nosso tempo e tê-los como nossa prioridade. Onde estão os mais afetivos beijos, os mais generosos abraços, as mais notáveis declarações de amor, os excelentes encorajamentos do tipo "eu creio em você!"? Infelizmente, nos cemitérios. No silêncio dos túmulos, estão enterradas as palavras e os sentimentos que os pais, professores, filhos, amantes sempre tiveram vontade de expressar, mas não o fizeram...

CAPÍTULO 13

Sucessores ou herdeiros? O que você está formando?

> **DÉCIMA NONA REGRA DE OURO**
>
> TRANSFERIR O CAPITAL DAS EXPERIÊNCIAS:
> DAR O QUE O DINHEIRO NÃO PODE COMPRAR

Há diferenças de poder entre as ferramentas de ouro que contribuem para formar mentes livres, emocionalmente saudáveis, criativas, ousadas, resilientes. Se fosse elencar em ordem de grandeza, a transferência do capital das experiências estaria no topo. Transferir o aporte das experiências de um ser humano para outro não é só exercer a arte de dialogar com generosidade, altruísmo, acolhimento, mas dar o melhor de todos os capitais, um tesouro que dinheiro algum pode comprar.

Escrevi o livro *Pais inteligentes formam sucessores e não herdeiros*. Sucessores pensam a médio e longo prazo, herdeiros são imediatistas. Sucessores se curvam em agradecimento aos seus educadores, enquanto herdeiros reclamam de tudo e de todos. Sucessores elaboram suas experiências, constroem o seu legado, ainda que a partir dos seus pais, enquanto herdeiros são superprotegidos, vivem na sombra de seus pais, não constroem sua própria história.

Qual o segredo na formação de sucessores ou herdeiros? A transferência do capital das experiências. Reis, intelectuais, celebridades, empresários e líderes sociais normalmente falham na formação de sucessores. Sucessores ou herdeiros: o que você está formando? Vamos entender melhor esse processo.

Instinto e a preservação de nossos filhos

Antes de entrar em camadas mais profundas da mente humana em relação à transferência do capital das experiências, precisamos entender a transferência do capital instintivo. O instinto é um capital importante, embora menos nobre do que o universo das experiências de vida.

Um pássaro frágil pode atacar uma poderosa águia que se aproximar de sua ninhada. Coloca em risco sua vida para protegê-la. Pequenas aves são investidas de uma coragem ímpar diante de ávidos predadores prestes a atacar seus filhotes. Enfrentam tucanos que têm bicos cem vez maiores e mais cortantes que os delas.

O instinto de preservação da espécie é surpreendente! As galinhas são fóbicas, fogem de todos, mas, do dia para noite, ao eclodir seus ovos e enxergar seus pintinhos, seu cérebro mergulha nas águas da coragem. Bloqueando sua pequenez, reagem como gigantes diante de quem as ameace. O instinto de preservação torna pequenos animais verdadeiros heróis.

E por falar em heróis, quem em nossa espécie teria coragem de enfrentar os grandes felinos? Um trabalhador rural me disse certa vez que seus cabelos ficaram eriçados quando, montado num cavalo, uma onça passou por ele. Dizem que, ao ouvir um rugido de um leão à noite nas savanas africanas, os caminhantes congelam suas emoções.

O medo de predadores sempre assombrou a mente humana. Mas o que é paradoxal é que somos especialistas em criar nossos predadores. Quando não temos problemas, nós os confeccionamos. Fantasmas, vampiros, bruxas, assombrações... A imaginação humana é fértil para se autossabotar. Guerreiros enfrentam metralhadoras, mas fogem como meninos diante dos predadores existentes nos porões de suas mentes.

Muitas mulheres são supersticiosas, acreditam até em horóscopos, em destino, sem saber que frequentemente o destino não é inevitável, mas uma questão de escolha. Mas as mulheres são mais fortes que os homens em muitos aspectos: se doam mais, se preocupam mais com a dor dos outros, não desistem com facilidade de quem as decepciona, são mais éticas, cometem menos crimes hediondos.

Quando dão à luz, ninguém é mais forte do que as mulheres. Não medem as consequências para proteger sua prole. Repare nesta história. Lana não era uma mulher grande, não era guerreira nem caçadora, mas uma delicada colhedora de frutas. Morava no interior do Congo. Certa vez, fazendo a coleta no meio da floresta, subitamente ouviu um grito horripilante: "Leão! Leão!".

Um faminto leão entrara na sua pequena aldeia. Era um devorador de homens. Desesperados, todos fugiram aos gritos, quase sem fôlego. Lana tinha de ficar na floresta, subir em uma árvore, era sua chance de permanecer viva. Mas como? Seu pequeno filho Kunta, de um ano e meio, estava numa das cabanas.

Em lágrimas, Lana bradou: "Kunta! Kunta!". E sem hesitar correu em direção contrária a todos. "Foge! Foge, Lana!", ouviu de alguns. Um guerreiro a pegou pelo braço e advertiu: "Está louca, mulher! Um enorme leão assassino entrou na aldeia!". Ela só conseguiu dizer: "Meu filho!". Desesperado, ele fugiu, enquanto ela era investida de uma coragem única. Nada e ninguém deteria seu instinto materno; morreria com seu filho.

Ao se aproximar da aldeia, as imagens de seu bebê brilhavam nos recônditos de sua mente. Talvez ainda estivesse vivo. Correu e rapidamente chegou à aldeia. E, por incrível que pareça, chegou nos instantes finais da história de Kunta! Seu pequeno filho brincava inocentemente no caminho empoeirado entre as palhoças. O leão estava numa posição fatal, prestes a atacá-lo.

Era melhor fugir. A fera de mais de 200 quilos destroçaria a mulher de 50 quilos. Mas Lana não teve dúvidas: pegou um pedaço de pau e, gritando desesperadamente, atacou o leão, aos brados. Para espanto da biologia, o leão, pego de surpresa, abalou-se. Seu cérebro interpretou que corria altíssimo risco diante da pequena-grande mulher.

Assustado, bateu em retirada! Foi assim que uma frágil mulher sob os alicerces do instinto materno enfrentou um leão que guerreiros não conseguiram enfrentar. *As mães com um braço fazem seus filhos ninar e com o outro mudam a humanidade quando se tornam artesãs da personalidade deles.*

Sem as mulheres, os homens não existiriam, não seriam educados, tampouco seres humanos. Mas os homens historicamente as feriram, silenciaram, apedrejaram, queimaram. Temos uma dívida impagável com as mulheres. Este livro tem muitos objetivos, e um dos mais importante é se curvar humildemente diante de mães e professoras para lhes dar ferramentas para educar com maturidade seus filhos e alunos. Esta obra é uma homenagem a elas!

Mas não basta ter o instinto materno, não basta proteger os filhos contra os perigos de fora. Se não transferirem o capital das experiências poderão falhar, não protegerão seus filhos contra os predadores que estão na mente deles. Acertarão no trivial, mas não no essencial.

Sinceramente, é muito fácil falhar. Raramente as educadoras, e inclusive os educadores, perguntam para seus filhos e alunos "que pesadelos os assombram?", "que medos os controlam?", "que angústias os asfixiam?", "que lágrimas nunca tiveram coragem de chorar?".

Mulheres corajosas, mulheres "Lanas"

Milhões de mães são corajosas como a mãe africana Lana, e de diferentes formas. Quando têm condições sociais e financeiras, algumas mães deixam sua profissão, seu status e o brilho social e se tornam executivas da mais complexa empresa, a sua família. Pagam um preço enorme para cuidar de seus filhos, que nem sempre são calmos nem especialistas em agradecê-las. Além disso, essas mães ainda passam por constrangimento frequente quando lhe perguntam indelicadamente: "Mas você não trabalha?". Como se cuidar da família e educar filhos não fosse um trabalho digno e dificílimo, não poucas vezes mais árduo do que gerir uma cidade ou uma grande empresa. São "Lanas".

E aquelas mães, a maioria, que trabalham fora todos os dias, dando o melhor de si como profissionais liberais ou trabalhadoras nas empresas? Não são elas valentes? Muitíssimo. No fim da jornada extenuante, depois de terem esgotado seu cérebro mental e seu corpo, em vez de repousar, ainda se entregam para seu parceiro e seus filhos. Preparam-lhes comida, verificam a evolução deles na escola. Os super-heróis da Marvel são frágeis perto dessas heroínas de carne e osso! Sim, são verdadeiras "Lanas".

As mulheres deveriam ser reverenciadas em toda a humanidade, mas são massacradas pela ditadura da beleza, seus salários são injustamente menores do que os dos homens pela mesma atividade. Seus parceiros, frequentemente rudes, não conseguem aplaudi-las na estatura que merecem. É raro um parceiro ou mesmo um filho expressar solenemente: "Obrigado por existir! Você fez toda a diferença na minha vida!".

E as professoras, bem como os mestres, raramente também são aplaudidas na estatura que merecem. Alguns alunos têm a ousadia de perguntar: "Professor, onde você trabalha?". Como se educar não fosse a profissão das profissões. Os maiores heróis do teatro social sempre ficaram nos bastidores, no anonimato. Eles treinam seus alunos para brilhar, e, quando conseguem, raramente retornam para agradecê-los!

Nasce a maior celebridade do mundo

Os pais são atores principais do teatro familiar antes de terem seus filhos. Desenham os mais relevantes sonhos, elaboram os mais notáveis projetos, escrevem os principais roteiros, inclusive os atritos tolos e as discussões desnecessárias. Todavia, do dia para a noite, o mundo deles vira de cabeça para baixo, tornam-se atores coadjuvantes diante de um estranho personagem, mas tão esperado, que invade sem pedir licença seu espaço físico, intelectual e emocional: seu bebê.

Os pais, ainda que sejam, como eu, críticos ao culto da celebridade e proclamem que ninguém é maior ou melhor do que ninguém, quando o bebê sai do útero materno para o útero social, se curvam humildemente diante da mais notável celebridade. E com o passar do tempo o amam tanto que querem de todos os modos ganhar um autógrafo dele: ainda que seja um diminuto sorriso, um beijo molhado, os bracinhos em sua direção. Tudo é motivo para festa.

Os bebês são, por algum tempo, a maior fonte de entretenimento dos pais. Mas um acidente de percurso grave ocorre no meio do caminho: o fenômeno da psicoadaptação. Eu o descobri logo no começo da minha produção de conhecimento sobre o funcionamento da mente, há mais de três décadas. Fiquei chocado com sua atuação inconsciente e poderosa, fascinado em saber como ele movimenta a mente humana e a evolução da espécie, ainda que destrutivamente.

Vamos recordar o que já comentei. Psicoadaptação é um fenômeno que leva o ser humano a perder a sensibilidade diante da exposição de um mesmo objeto. Uma mulher comprou um belíssimo vestido, olha suas amigas do alto para baixo, anda esfuziante numa festa, mas após usá-lo algumas vezes, ele perde a excitabilidade e o glamour.

Tudo sofre a ação da psicoadaptação. As obras de arte, o estilo de arquitetura, o gênio da literatura, o design dos celulares, os tipos de carros, a moda, os penteados, o padrão de beleza sofrem constantemente a ação da psicoadaptação, gerando uma ansiedade vital que, por sua vez, nos inquieta, nos impulsiona a buscar algo novo, faz com que nos reinventemos.

A psicoadaptação é importantíssima, procura regular nosso olhar para mostrar que o importante é o essencial, a vida, as pessoas, não o trivial, como carros, roupas, status. Sem a psicoadaptação, ficaríamos deslumbrados com bens materiais, esqueceríamos de quem amamos. Mas, infelizmente, também nos psicoadaptamos a pessoas e as descartamos.

"Morre" a maior celebridade do mundo

A psicoadaptação pode nos fazer doentiamente conformistas, nos levar a não ficar inconformados com nossas loucuras, não nos indignar com nossos comportamentos tolos e, consequentemente, nos fazer levar para nossos túmulos nossos conflitos. Muitos são escravos do seu trabalho, têm preocupação excessiva com sua imagem social, uma necessidade neurótica de ser perfeitos, são radicais, impulsivos, egocêntricos, mas, psicoadaptados aos seus comportamentos doentios, não bradam: "Eu detesto ser assim! Vou me reciclar! Não sou conformado com minhas falhas!". Nos psicoadaptamos às nossas mazelas.

O fenômeno da psicoadaptação, se não for reciclado, pode gerar filhos insensíveis, especialistas em reclamar da vida e em não valorizar seus pais. Pode também conduzir pais a perder o prelúdio e o encanto com seus filhos, tornando-os máquinas de dar broncas e corrigir erros, gerando uma situação educacional desastrosa.

Se você perde a paciência com frequência com seus filhos e alunos, se esgota seu cérebro com facilidade com eles, se não é bem-humorado, é incapaz de dar risadas de alguns dos seus erros tal qual quando eles eram bebês, infelizmente, você se psicoadaptou a eles.

Quando os bebês ainda não sabem falar, os pais falam muitíssimo com eles, falam até em excesso, mas depois que eles aprendem a falar os pais se psicoadaptam e pouco a pouco deixam de dialogar, substituem o diálogo pelas broncas. Quando os bebês raramente dão atenção aos seus pais, estes usam de todas as estratégias para conseguir um beijo ou um pequeno abraço, mas quando seus filhos começam a prestar atenção neles, eles já não pedem "autógrafos" para seus filhos, a celebridade morreu. Quando os bebês mal conseguem dar gargalhadas, os pais se tornam grandes palhaços na tentativa desesperada de extrair deles pequenos sorrisos, mas quando eles aprendem a sorrir, os palhaços desaparecem, surgem os críticos.

O bebê, ao nascer, se torna a maior celebridade do mundo, cativa a atenção dos adultos, inclusive dos estranhos, todos querem tocá-lo, tirar fotos, mas os anos passam e pouco a pouco o fenômeno da psicoadaptação faz com que ele perca o brilho até se tornar uma celebridade em declínio. Os anos avançam e a celebridade vai decaindo a níveis sórdidos, quando é um pré-adolescente se torna chato, irritante, inoportuno, inquieto. Quando se torna um adolescente, já é um completo anônimo.

Embora haja exceções. O fenômeno da psicoadaptação faz com que a maior celebridade do mundo, a criança, pouco a pouco perca a importância para a maioria dos educadores e para a humanidade, ainda que jurem que não.

Lembro-me de um vídeo muito interessante no qual havia uma pergunta fatal para os pais: "Se pudessem jantar com qualquer pessoa que desejassem, com quem jantariam?". Alegres, os pais responderam o nome de diversas celebridades. Então, fizeram a mesma pergunta para seus filhos pequenos. Eles não tiveram dúvidas: com os meus pais.

Os pais normalmente perdem seus filhos dos 4 anos até a pré-adolescência. E por quê? Porque se psicoadaptaram a eles, em destaque, perderam a sensibilidade para dar o que o dinheiro não pode comprar. Não sabem encantá-los, seduzi-los, envolvê-los, fasciná-los, construir pontes, dar risadas de alguns dos seus erros. É muito mais fácil dar presentes para compensar a inquietação de uma celebridade em franco processo de declínio. É o que milhões de pais fazem.

Reitero: há muitas formas de mostrar que nossos filhos estão em decadência para nós. Ser impaciente, intolerante aos seus comportamentos, ficar apontando falhas, elevar o tom de voz, ser manual de regras são apenas algumas delas. A superproteção é outra forma de descartar uma criança. A supervalorização não é dar a ela uma importância saudável, é ser manipulado por ela. Não se despreza filhos e alunos apenas quando os coloca na periferia da nossa história, mas também debaixo de nossa sombra, impedindo-os de terem brilho próprio...

Transferir o capital das experiências é a forma mais solene de continuar a valorizar nossos filhos e alunos, de irrigar sua maturidade, de nutri-los nos solos de nossa biografia emocional...

O capital das experiências: a mais excelente forma de educar

Os pais se fadigam dia e noite, trabalham por décadas para dar suporte para a sobrevivência dos filhos. Alguns pagam a mensalidade da escola, compram livros, roupas, tênis, aparelhos digitais. Quando podem, pagam para que aprendam um segundo idioma, visitem outros países, conheçam parques temáticos. Mas de todos os presentes que os pais podem dar, nada se compara ao capital das suas experiências.

Transferir os capítulos mais importantes de nossa biografia é a mais excelente forma de educar. "Mas eu tenho muitos erros", um educador poderia dizer. Relatá-los é uma forma excelente de formar sábios: os inteligentes aprendem com seus erros, enquanto os sábios aprendem com os erros dos outros. Deixe seus filhos e alunos aprenderem com seus erros. Muitos jovens quebram a cara, passam por riscos altíssimos, porque não elaboraram suas experiências a partir da experiência dos seus educadores.

"Mas eu chorei muito, tive uma história muito triste", alguns pais poderiam falar. Isso enriquece seu capital! Se você passou por muitos sofrimentos, contar sobre suas dores, suas crises, suas dificuldades é uma forma notável de levar os jovens a entender que "não há céu azul sem tempestades nem caminho sem acidentes". Cedo ou tarde, eles vão chorar. Debater sobre nossas lágrimas pode prepará-los para chorar as deles. Não silencie o capital das suas experiências: ele vale mais do que todo o ouro do mundo.

A tolerância, o altruísmo, a compaixão, a ousadia, a resiliência, a superação da timidez, tudo isso não se aprende com a carga genética nem na condição de espectador passivo do conhecimento, mas com a transferência dos exemplos. Se você tem medo das suas lágrimas, você não entende o que é gestão da emoção, se tem vergonha dos seus fracassos, não entende o processo de formação de pensadores. Os filhos admiram super-heróis, mas clamam por admirar vocês, os heróis reais, que respiram, tropeçam, caem, mas se levantam.

Uma das minhas maiores preocupações como pai era transferir o capital da minha biografia para minhas filhas, a Camila, a Carolina e a Cláudia. Muitos me consideram o autor mais lido do país há quase duas décadas, alegram-se que universidades usam minhas obras e teses apliquem minha teoria, mas meu sucesso poderia ser um problema na educação das minhas filhas. Tinha plena consciência disso. Queria formar sucessoras e não herdeiras.

Para não educá-las debaixo do meu sucesso, lhes contei de múltiplas formas meus fracassos, as insônias que tive, as angústias que enfrentei, as perdas que sofri. Não choro com facilidade. Mas muitas vezes reuni minhas meninas para falar das lágrimas que nunca encenei no teatro do meu rosto. Queria que elas aprendessem a chorar as delas, sem medo ou vergonha. Não contava com drama, mas ensinando que é possível escrever os capítulos mais notáveis de nossa biografia nos dias mais tristes de nossa história. Elas amavam minhas aventuras.

Ninguém muda ninguém, mas podemos conduzir nossos educandos a eles mesmos se reciclarem, se reinventarem, conquistarem características de personalidades sólidas e inteligentes por meio de nossas experiências. O grande segredo é irrigar o território da emoção de quem amamos para produzir janelas Light de modo a nutrir o Eu para ser gestor da mente, autônomo, seguro, sonhador, disciplinado.

Não há sucesso sem alguns fracassos na jornada, nem aplausos sem vaias no processo, nem êxito sem crises no caminho. Mas alguns pais cartesianos poderiam argumentar, temerosos: "Se eu falar sobre minhas perdas e frustrações, vou perder minha autoridade!". Talvez perca o autoritarismo, mas não a autoridade. Talvez não forme mentes tímidas e serviçais, mas filhos que debatam com segurança suas ideias, pois terão opiniões próprias. Minhas filhas argumentam comigo de igual para igual. Às vezes, acho que são petulantes, mas em seguida dou risada. Elas são autônomas e, ao mesmo tempo, apaixonadas pela vida e por mim.

Falar dos dias mais dramáticos, pelo menos do que é possível ser contado, para nossos filhos, ensina a eles uma das maiores lições da gestão da emoção: *ninguém é digno do pódio se não usar seus fracassos para alcançá-lo.*

As principais janelas Light duplo P, que são saudáveis e estruturantes da personalidade, deveriam vir principalmente da transferência do capital das experiências dos educadores mesclando-se com as experiências dos educandos. Por isso, os professores deveriam deixar de ser racionalistas e falar, pelo menos cinco minutos por semana, de um capítulo de sua história.

Os pais são verdadeiramente ricos, ainda que morem em lugares pobres, se conseguirem transferir alguns textos da sua biografia para inspirar seus filhos a escrever a deles. Os pais são verdadeiramente pobres, ainda que morem em casas caríssimas e apartamentos finíssimos, se falharem em transferir o capital de suas experiências.

É preciso desenvolver estratégias para conquistar o território da emoção dos filhos, ainda que sejam ansiosos, alienados, indiferentes, teimosos, autoritários, consumistas. Você está disposto? Sob o ângulo da gestão da emoção, até nossas loucuras podem ser uma fonte para ensinar a serenidade, dependendo da pedagogia da sabedoria.

Filhos e alunos precisam desesperadamente de pais e professores humanos, pois só um ser humano pode formar outro. Mas nunca agimos tanto como deuses, escondendo nossa fragilidade e dificuldade atrás de nossas máscaras sociais!

CAPÍTULO 14

Educação em baixa, psiquiatria em alta! Pais surdos, filhos mudos!

> **VIGÉSIMA REGRA DE OURO**
>
> Ter uma mente que celebra os acertos e não é viciada em corrigir erros

Há cerca de quinze anos, comentei no livro *Pais brilhantes, professores fascinantes* que "*quanto pior a qualidade da educação, mais importante será o papel da psiquiatria e da psicologia clínica*". Infelizmente, o que eu previa está se acelerando rapidamente! Estatísticas demonstram que um em cada dois seres humanos, ou mais de 3 bilhões de seres humanos, desenvolverão um transtorno psiquiátrico ao longo da vida: depressão, transtorno obsessivo, síndrome do pânico, ansiedade, transtorno alimentar, doenças psicossomáticas, dependência de drogas... Nada é tão triste quanto isso! Estamos falando de metade da plateia dos alunos.

Se você tem dúvidas da seriedade dessa estatística, faça um teste rápido. Vá em qualquer classe, mesmo das escolas particulares mais caras, e pergunte: "Quem acorda fatigado e sofre com cefaleia?". Continue perguntando: "Quem sofre pelo futuro ou vive remoendo perdas, mágoas ou frustrações do passado?". Questione ainda: "Quem anda esquecido, é impaciente, sente solidão, tédio ou cobra de mais de si?". Indague, por fim: "Quem tem sono de má qualidade ou consegue ficar um dia sem celular com prazer?".

Todos os diretores, coordenadores e professores que amam a educação deveriam fazer esse simples teste! Muito provavelmente irão às lágrimas. Exteriormente, parece que os problemas não são grandes, mas, como disse e enfatizo, nossos filhos e alunos estão desenvolvendo coletivamente a SSC e a SPA.

Eles estão numa guerra não física, mas mental, num ambiente social estressante, rápido, saturado de informações, de necessidade de dar respostas e de atividades. Esses dias, um dos maiores esportistas do mundo, que faz gestão da emoção comigo, me disse que carregava seu corpo, de tão fatigado. O problema não era o exercício físico exagerado, mas o exercício mental excessivo, que produzia alto índice GEEI (Gasto de Energia Emocional Inútil). Mesmo uma pessoa bem-resolvida emocionalmente, que não tem grandes conflitos, pode esgotar sua mente, viver no inferno do estresse.

Quais os custos e as sequelas de ter uma juventude mundial ansiosa, estressada e desanimada? Incalculáveis! E quantos vão se tratar? Talvez nem 1% da população que adoece irá se tratar, seja porque é caro ou porque as pessoas negam ou não mapeiam seus conflitos! Reitero: não basta ensinar valores como honestidade, ética, responsabilidade, liderança. Isso quaisquer pais ou escolas têm obrigação de ensinar. O segredo é ensinar nossos filhos e alunos a gerir sua mente, administrar sua emoção, filtrar estímulos estressantes, prevenir transtornos emocionais. O segredo é aprender o tanto quanto possível a dirigir o próprio script psíquico e não ser dirigido pelos estímulos estressantes.

Há mais de duas décadas, eu havia feito uma pesquisa que apontava que 50% dos pais nunca dialogaram com seus filhos sobre o que se passava dentro deles. Nada tão inumano! Pais e professores ouvem por horas a fio os personagens da TV aberta e fechada, mas muitos não ouvem seus filhos e alunos em sua essência! Temos de resolver a equação: educadores emocionalmente mudos geram filhos e alunos surdos.

Mas alguns diriam: "Os meus filhos e alunos falam muitíssimo nas redes sociais". Sim, falam frases curtas e superficiais! Mas coloque-os numa situação real para resolver um problema, debater ideias, emitir opinião ou pedir desculpas e recomeçar animados tudo de novo! A mente deles vai travar! Ficam abalados tal qual alguém ficaria na floresta amazônica diante de uma serpente!

Não adianta fazer seguro de casa, de vida, de aparelhos, se não protegermos a mais delicada e importante propriedade, o território da emoção! Sem seguro emocional, um olhar atravessado estraga o dia, uma crítica acaba com a semana, uma humilhação ou derrota social gera janela traumática que compromete uma vida! Diante de tamanha fragilidade, precisamos atuar como engenheiros de janelas Light nas crianças e nos jovens, para que desenvolvam proteção emocional. Todavia, para ser um educador dessa nobreza, precisamos mudar seriamente nossa política de intervenção. Precisamos celebrar os acertos muito mais do que apontar os erros. Vejamos.

Exaltar quem erra antes de tocar em seus erros: uma ferramenta de ouro

Desde os primórdios da civilização humana, por nunca termos estudado a teoria das janelas da memória, o poder sequestrador das janelas Killer e a síndrome do circuito da memória, tomamos o caminho de frequentemente intervir nas relações sociais, para corrigir quem falha, quem tropeça, para apoiar quem se acidenta. Milhões de seres humanos são viciados em cocaína, medicamentos, bebidas alcóolicas, mas há bilhões que são viciados em outro tipo de droga, não química, mas também lesiva: viciados em corrigir erros!

Quem tem um cérebro viciado em corrigir erros dos seus filhos e alunos tem primeiramente, antes do ato da correção, outra especialidade perniciosa: observar defeitos. Nada tão indelicado, tão invasor e tão pouco inteligente.

Por melhor que seja a intenção de um educador ou líder, a correção de erros aciona em milésimos de segundo os fenômenos inconscientes, como gatilho da memória e janela Killer, âncora da memória. Uma vez disparado o gatilho, é comum encontrar uma janela traumática cujo volume de tensão instala a âncora da memória numa área estreitíssima do córtex cerebral, fechando o circuito da memória. Uma vez fechado o circuito, o ser humano deixa de ser *Homo sapiens* e se torna

Homo bios, instintivo. A política viciante de corrigir erros extrai o que as pessoas têm de pior, não de melhor.

Corrigir erros promove frequentemente sentimento de invasão de privacidade, agressividade, frustração. Promove, ainda, guerras, violência social, assassinatos, suicídios ou distanciamentos nas relações interpessoais. Mas alguém bradaria: "Todos os dias nossos filhos e alunos erram, precisamos intervir". Os colaboradores falham, os líderes também precisam corrigi-los. Claro!

Não estou dizendo, em hipótese alguma, que não deveríamos intervir, mas expondo como intervir. Saber corrigir comportamentos, estimular a arte de pensar, ressignificar crenças limitantes é uma arte em si. Não deveríamos fazê-lo grosseiramente. Se o fazemos erradamente, acionamos mecanismos inconscientes que libertam os instintos. Infelizmente, minha impressão é que mais de 90% das intervenções que os educadores fazem nas crianças e nos jovens e os cônjuges um com o outro pioram o outro.

Para libertar as janelas Light e não Killer de quem corrigimos, há um grande segredo, uma mudança radical de paradigma educacional. Precisamos valorizar a pessoa que erra, para depois lidar com seu erro. Antes exaltamos nosso aluno, dizemos que o quanto ele é inteligente e capaz de brilhar, depois tocamos em sua falha, o levamos a pensar. Primeiro expressamos que acreditamos e apostamos em nossos filhos, mostramos que os amamos, depois os levamos a refletir sobre suas atitudes. Essa é mais uma ferramenta nobilíssima de gestão da emoção, que liberta a mente humana.

Elogiar antes de criticar dispara o gatilho da memória a acertar em milésimos de segundo janelas corretas, Light, que contêm generosidade, altruísmo, acolhimento, e não exclusão. Essas janelas abrirão o circuito da memória, conduzindo quem corrigimos a pensar antes de reagir e, mais ainda, colocar-se no lugar dos outros. Bem-vindos à oxigenação da mente humana.

Todavia, se perdeu a paciência, gritou, explodiu, se exasperou, você disparou o gatilho a encontrar as janelas erradas. Se fez isso, você errou com quem errou. É melhor ficar calado, pois está piorando quem você ama. Lembre-se da regra de ouro: *ninguém muda ninguém, temos o poder de piorar os outros, não de mudá-los*. Nunca mudamos os outros, só eles mesmos podem se reciclar abrindo ou fechando o circuito da memória, sendo instintivos ou pensantes.

Há muitos casais que começam seu relacionamento regado ao afeto, mas terminam no deserto das disputas. Pouco a pouco, começam a ficar dependentes de uma "droga" sutil de corrigir erros. Seus cérebros se viciam tanto em apontar falhas que até o tom de voz ou uma simples opinião os leva a perder a paciência. Não sabem elogiar antes de criticar, exaltar sua parceira ou seu parceiro antes de entrar em assuntos delicados. Sua agenda é uma pauta de conflitos. Se não aprenderem as ferramentas para gerir a emoção, seu romance acabará.

Muitos executivos, igualmente, querem que sua equipe se torne mais eficiente, mas escolhem o caminho errado, apontam falhas, expõem erros em público, ridicularizam ou pressionam seus pares de forma deselegante. Eles dirigem empresas com milhares de funcionários, mas são péssimos diretores de suas mentes. Fecham o circuito da mente de seus colaboradores. Traumatizam-no, asfixiam-no, e não os libertam.

Há muitos anos, ao estudar a mente do maior professor da história sobre os ângulos da ciência, o Mestre dos Mestres, e analisar como ele há 2 mil anos corrigia seus alunos, cunhei esta frase: devemos elogiar em público e corrigir em particular. Alguns autores se apropriaram dela como se fosse sua. Não me importo, o importante é que ela seja aplicada. Mas isso se dá raramente.

Professores que expõem publicamente os erros de seus alunos podem gerar janelas Killer duplo P, altamente traumatizantes, que promovem raiva, sentimento de vingança, humilhação, medo, timidez. Elogiem em público e corrijam em particular. E mesmo quando forem corrigir, lembrem-se: primeiro exaltem a pessoa que errou para depois intervir em seu erro.

Educar é muito mais celebrar os acertos do que corrigir erros

Elogiar antes de criticar é uma ferramenta que oxigena os bastidores da mente humana. Ela parece tão simples. Sim! As principais descobertas da ciência são simples até que alguém as descubra! Embora simples, elas envolvem, como lhes apontei, mecanismos de alta complexidade.

Certa vez, há muitos anos, uma de minhas filhas, quando era pré-adolescente, pagou alguém para fazer a prova para ela. Fiquei sabendo. Que atitude você tomaria? Daria uma bronca? Elevaria o tom de voz? Puniria implacavelmente? Se meu cérebro fosse viciado em apontar falhas, seria o momento ideal para elevar o tom de voz, gritar, criticá-la, dar-lhe uma bronca inesquecível. Eu provocaria o fenômeno RAM para gerar mais janelas Killer. Ao ser descoberta, ela já estava sofrendo muito. Eu a chamei de lado, olhei bem nos olhos dela e a elogiei! Fiz isso como ser humano, como minha princesa e, inclusive, elogiei sua estratégia de pagar alguém para fazer a prova.

Como? "Que absurdo é essa atitude!", diria um educador cartesiano e racionalista. Comentei a importância de colocarmos limites, mas os melhores e mais eficientes limites são colocados com calma, segurança e inteligência, não no calor do estresse. Eu não elogiei o erro de minha filha, mas ela como ser humano e sua ousadia e criatividade.

Ela ficou perplexa, não acreditou que eu, em vez de lhe dar uma bronca, estava abraçando-a, acolhendo-a num momento tão difícil. Abri o circuito da memória dela, tirei-a das fronteiras das janelas Killer. Sabia que ela estava ferida. É muito fácil um predador abater uma presa ferida. Muitos educadores fazem isso: "Está vendo! Eu disse que isso ia acontecer! Você merece!". Eu não atuei como um predador prestes a devorá-la, mas como um pai saturado de amor prestes a acolhê-la.

Ela lacrimejou, me abraçou e pediu desculpas. Em seguida, procurei ajudá-la a ter consciência crítica. Tive um agradável e sério diálogo sobre as formas mais produtivas para ela usar a inteligência. Expliquei o quanto ela poderia brilhar na vida se fosse mais disciplinada e focada. Disse-lhe que *"quem não é fiel à sua consciência tem uma dívida impagável consigo mesmo"*.

Lacrimejou não pela dor, mas pela capacidade que eu demonstrei de acreditar nela e ensiná-la a pensar enquanto o mundo ruía aos seus pés. Consegui surpreendê-la, tornei-me inesquecível. Quais os resultados dessa e de outras atitudes? Os anos se passaram e ela se tornou uma brilhante psicóloga, líder de dezenas de outras psicólogas e pedagogas, diretora de um dos maiores programas mundiais de educação da emoção. Em suas palestras educacionais, ela conta essa história com muita alegria.

Você se torna inesquecível para seus filhos e alunos porque pune ou abraça? Porque aponta falhas ou acolhe? Porque diminui ou ensina a pensar? Porque eleva o tom de voz ou a sabedoria de quem você ama? Pense em suas metas como educador!

O marketing e a emoção

Hebert era um homem de marketing. Tinha uma excelente agência que cuidava de grandes contas. Criativo, sempre transformava o produto que ia vender em objeto de desejo, tal como fazia Steve Jobs com seu jeito despojado de ser! Se por um lado Hebert era um excelente vendedor de produtos, por outro era um péssimo vendedor de sua imagem! Ele fazia um antimarketing pessoal.

Seu casal de filhos adolescentes não era fácil. A menina era teimosa, o garoto não suportava ouvir um não. Eles queriam tudo pra já. A garota ficava tensa ao fazer as provas, o menino não se preocupava em estudar. Ela era obsessiva com organização, ele tropeçava em suas roupas e sapatos.

Hebert ficava louco com o comportamento dos filhos. Seu cérebro viciado em apontar erros o levava a gritar todos os dias, disparar a metralhadora das críticas, pressioná-los, fazer chantagens, proclamar que eram ingratos. Usando a metáfora do marketing: Hebert era um bom produto com uma péssima embalagem. Seus filhos não compravam suas ideias, ao contrário, as achavam entediantes, chatas, agressivas. Ele piorava seus filhos tentando melhorá-los.

Por fim, completamente abatido, procurou se reciclar. Procurou ajuda profissional e aprendeu sobre o funcionamento básico da mente humana. Além disso, entendeu algumas regras de ouro de gestão da emoção. Ficou abaladíssimo com seus erros, com seu antimarketing. Chorou lágrimas secas. Queria conquistar consumidores, mas perdia os mais notáveis clientes dentro da sua própria casa.

Treinou ser livre, protagonista da sua história. Mudou radicalmente sua política educacional. Começou a ser um pai que elogiava antes de fazer críticas e, principalmente, começou a observar os comportamentos belos e inteligentes que seus filhos expressavam e ele não via. Passou a entendê-los, a valorizá-los todos os dias, dar risadas, ser bem-humorado. Começou a transferir o capital das suas experiências. Por fim, conquistou seus clientes. Resgatou seus filhos. Estes ficaram abalados positivamente, pois descobriram um pai que não conheciam. Essa é a história de um pai racionalista que construiu um oásis no meio de seu imenso deserto.

As gerações Y e Z estão à deriva na educação. É difícil entendê-las, acolhê-las, apoiá-las. É muito mais fácil considerá-las rebeldes, alienadas e egocêntricas e não nos reinventarmos para conquistá-las. Não é sem razão que a autoestima e o prazer da juventude estão em níveis baixíssimos na atualidade. Nunca tivemos uma geração tão infeliz diante de uma indústria tão poderosa para excitar a emoção. Um bilhão e quatrocentos milhões de pessoas devem desenvolver ao longo da vida o último estágio da dor humana, um transtorno depressivo! Aumentamos os índices de depressão e suicídio como jamais vimos. Na capital do estado de São Paulo, de 2002 a 2012, aumentamos em 42% o índice de suicídio entre jovens.

Os educadores precisam sair de sua zona de conforto, abraçar mais e julgar menos, ser mais audaciosos e menos desanimados. Precisam encantar seus filhos e alunos. Nas artes marciais, usa-se a força do oponente para dominá-lo; na educação, deveríamos usar a energia ansiosa das nossas crianças e adolescentes para libertá-los!

Diariamente, deveríamos ser especialistas em observar os comportamentos saudáveis das pessoas que nos circundam e procurar exaltá-los. Os alunos mais rebeldes têm comportamentos dignos de serem honrados pelos seus professores, mas nosso cérebro viciado em apontar falhas não os observa, torna-se um especialista em apequenar as habilidades socioemocionais deles. Perde, portanto, oportunidade de ouro de formar janelas saudáveis para que o Eu deles desenvolva autonomia e seja líder de si mesmo. Todos os dias, os filhos mais ansiosos, agitados e irritadiços têm comportamentos dignos de serem aplaudidos, mas não os celebramos, pois não conseguimos enxergá-los.

Você não imagina a revolução nas relações humanas e no processo de formação da personalidade quando mudamos nossa política educacional, quando exaltamos quem erra antes de intervir no seu erro, quando celebramos diariamente os acertos das pessoas. Lembre-se: essa ferramenta está em sintonia com uma das fronteiras mais complexas da ciência, a construção dos pensamentos. Se a praticarmos, deixaremos de ser líderes engessados, rígidos, escravos do racionalismo, e nos tornaremos engenheiros de arquivos Light, capazes de financiar em nossos filhos e alunos a ousadia, o autocontrole, a autoestima, o altruísmo, a resiliência, enfim, conduzi-los a ser autores de sua própria história! Bem-vindos às regras de ouro de gestão da emoção, capazes de formar mentes livres e brilhantes.

Uma carta de amor inesquecível aos educadores

Queridos pais e professores, vocês podem ter suas dificuldades, limitações, atravessar os vales do estresse e ter de escalar as montanhas íngremes da formação humana. Podem perder a paciência em alguns momentos e achar que sua jornada é difícil demais, mas, apesar de todos os seus defeitos, vocês não são mais um número na multidão, mas seres humanos únicos para o futuro da humanidade e especiais, pelo menos para quem vocês educam.

Ser um educador é doar-se sem esperar a contrapartida do retorno, achar força no perdão, coragem na fragilidade, segurança no palco do medo, amor nos momentos de abandono. Lembre-se sempre: é impossível lavrar os solos da mente humana sem fadigas, ensinar as crianças a caminhar sem tropeços, estimular os jovens a amadurecer sem decepções.

Ser educador é ter uma mente sedenta para celebrar os acertos, uma emoção insaciável em dar o que dinheiro jamais pode comprar, o capital das suas experiências, mesmo que com todas as crises, falhas e loucuras. Pois a sua maior e mais bela loucura é ser apaixonado pelos seus filhos e alunos.

Raramente um educador, sejam pais ou professores, recebe prêmios, é aplaudido ou homenageado, mas todos os anos tem a possibilidade de receber a maior de todas as recompensas, aquilo que dinheiro algum pode pagar: observar que as sementes que plantaram no território da personalidade das crianças estão levando-as a se reinventar, que os adolescentes estão aprendendo a pensar antes de reagir e que os universitários estão realizando seus sonhos e mudando o mundo, pelo menos o seu mundo.

Ser educador não os transforma em celebridades, mas os transforma nos anônimos mais felizes do mundo. Ainda que a imprensa não os exalte, que o mundo digital queira descartá-los e as bolsas de valores não os valorizem, vocês, pais e professores, são imprescindíveis para o teatro da humanidade. Sem vocês, a peça da vida não se realizaria! Reis passaram pelas suas mãos, milionários irrigaram o intelecto com seus ensinamentos, celebridades foram meninos que beberam de sua fonte, cientistas se tornaram exploradores através dos seus questionamentos, escritores foram influenciados pelas páginas da sua história. Os seres humanos podem não se curvar diante de reis, empresários, celebridades, cientistas e escritores, mas deveriam em todo o mundo se curvar diante de vocês!

Por isso, apesar de todas as possíveis frustrações, precisamos da sua coragem, do seu ânimo, da sua chama. Um brilhante educador usa suas lágrimas para irrigar sua tolerância, suas perdas para dar musculatura a sua paciência, suas dificuldades para esculpir sua sabedoria, suas rejeições para dar sentido a sua vida e metas. Ser um brilhante educador não é se sentir vítima dos problemas, mas saber que o destino frequentemente não é inevitável, mas uma questão de escolha.

E vocês escolheram ser educadores. Não é uma profissão que os fará acumular dinheiro no banco, mas é uma profissão, e mais que isso, é uma missão que os enriquecerá num local onde muitos milionários são miseráveis, no âmago do planeta emoção. Observem! Os juízes julgam os réus, mas vocês educam o ser humano para que não cometam crimes. Os políticos dirigem a nação, mas vocês formam o ator social para encenar a peça da democracia. Os psiquiatras e psicólogos tratam dos pacientes, mas vocês ensinam a gestão da emoção para eles não adoecerem. Por isso, educar é produzir um espetáculo único e inenarrável. E vocês são os grandes protagonistas desse espetáculo, embora fiquem nos bastidores, preparando seus educandos para brilhar no palco.

Nunca se esqueçam: os computadores transmitem informações, mas vocês ensinam a pensar, os smartphones conduzem os usuários a se conectar com o mundo, mas só vocês os ensinam a se conectar com eles mesmos. Os computadores, por mais que tenham inteligência artificial, nunca saberão o que é nem como lidar com as dúvidas, solidão, perdas, angústias, lágrimas, timidez, autopunição, nem com a capacidade de se escrever os capítulos mais importantes da vida nos dias mais dramáticos da existência, só um ser humano pode ensinar essas experiências a outro ser humano. Por isso, ainda que a sociedade e a mídia não os aplauda, vocês, educadores, são simplesmente insubstituíveis!

Muito obrigado, pais, por adiar alguns sonhos para seus filhos sonharem; muito obrigado, professores, por deixar de dormir algumas noites para seus alunos dormirem bem. Sem vocês, o céu da humanidade não teria estrelas e as primaveras emocionais da sociedade não teriam flores. Muito obrigado por existirem!

Referências bibliográficas

ADLER, Alfred. *A ciência e da natureza humana*. São Paulo: Editora Nacional, 1975.

ADORNO, T. *Educação e emancipação*. Rio de Janeiro: Paz e Terra, 1971.

COSTA, Newton C.A. *Ensaios sobre os fundamentos da lógica*. São Paulo: Edusp,1975.

CHAUI, Marilena. *Convite à filosofia*. São Paulo: Ática, 2000.

CURY, Augusto. *Inteligência multifocal*. São Paulo: Cultrix, 1999.

_____. *Armadilhas da mente*. Rio de Janeiro: Sextante, 2013.

_____. *O código da inteligência*. Rio de Janeiro: Ediouro, 2009.

_____. *O homem mais inteligente da história*. Rio de Janeiro: Sextante, 2016.

_____. *Pais brilhantes, professores fascinantes*. Rio de Janeiro: Sextante, 2003.

_____. *Pais inteligentes formam sucessores, não herdeiros*. São Paulo: Saraiva, 2014.

FREIRE, Paulo. *Pedagogia dos sonhos possíveis*. São Paulo: Unesp, 2005

DUARTE, André. "A dimensão política da filosofia kantiana segundo Hannah Arendt". In: ARENDT, Hannah. *Lições sobre a filosofia política de Kant*, Rio de Janeiro: Relume Dumará, 1993.

DESCARTES, René. *O discurso do método*. Brasília, Editora da Universidade de Brasília, 1981.

FEUERSTEIN, Reuven. *Instrumental Enrichment – An Intervention Program for Cognitive Modificability*. Baltimore: University Park Press, 1980.

FOUCAULT, Michel. *A doença e a existência*. Rio de Janeiro: Folha Carioca, 1998.

FREUD, Sigmund. *Obras completas*. Madrid: Editorial Biblioteca Nueva, 1972.

FRANKL, Viktor. E. *A questão do sentido em psicoterapia*. Campinas: Papirus, 1990.
FROMM, Erich. *Análise do homem*. Rio de Janeiro: Zahar, 1960.
GARDNER, Howard. *Inteligências múltiplas: a teoria e a prática*. Porto Alegre: Artes Médicas, 1994.
GOLEMAN, Daniel. *Inteligência emocional*. Rio de Janeiro: Objetiva, 1995.
HALL, Lindzey. *Teorias da personalidade*. São Paulo: EPU, 1973.
HEIDEGGER, Martin. *Os pensadores*. São Paulo: Abril Cultural, 1989.
HUSSERL, Edmund. *La filosofía como ciência estricta*. Buenos Aires: Editorial Nova, 1980.
JUNG, Carl Gustav. *O desenvolvimento da personalidade*. Petrópolis: Vozes, 1961.
KAPLAN, Harold I.; SADOCH, Benjamin, J. & GREBB, Jack, A. *Compêndio de psiquiatria: ciência do comportamento e psiquiatria clínica*. Porto Alegre: Artes Médicas, 1997.
KIERKEGAARD, Sören. *Diário de um sedutor e outras obras*. São Paulo: Abril Cultural, 1989.
LIPMAN, Matthew. *O pensar na educação*. Petrópolis: Vozes, 1995.
MASTEN, Ann. S. "Ordinary Magic: Resilience Processes in Development". *American Psychologist, 56* (3), 2001.
MASTEN, Ann. S. & GARMEZY, Norman. "Risk, Vulnerability and Protective Factors in Developmental Psychopathology". In: LAHEY, Benjamin. & KAZDIN, Alan. E. *Advances in Clinical Child Psychology 8*. Nova York: Plenum Press, 1985.
MUCHAIL, Salma T. "Heidegger e os pré-Socráticos". In: *Centro de Estudos Fenomenológicos de São Paulo – Temas fundamentais de fenomenologia*. São Paulo: Moraes, 1984.
MORIN, Edgar. *O homem e a morte*. Rio de Janeiro: Imago, 1997.
_____. *Os sete saberes necessários à educação do futuro*. (Relatório feito a pedido da Unesco.) São Paulo: Cortez/Unesco, 2000.
NACHMANOVITCH, Stephen. *Ser criativo – O poder da improvisação na vida e na arte*. São Paulo: Summus, 1993.
PIAGET, Jean. *Biologia e conhecimento*. 2ª ed. Petrópolis: Vozes, 1996.

SARTRE, Jean Paul. *O ser e o nada – ensaio de antologia*. Petrópolis: Vozes, 1997.
STEINER, Claude. *Educação emocional*. Rio de Janeiro: Objetiva, 1997.
STERNBERG, Robert J. *Mas allá del cociente intelectual*. Bilbao: Editorial Desclee de Brouwer, 1990.
PINKER, Steven. *Como funciona la mente*. Buenos Aires: Planeta, 2001.
YUNES, Maria Angela Matar. *A questão triplamente controvertida da resiliência em famílias de baixa renda*. Tese de Doutorado, Pontifícia Universidade Católica de São Paulo, São Paulo, 2001.
YUNES, Maria Angela Matar & SZYMANSKI, H. "Resiliência: noção, conceitos afins e considerações críticas". In: TAVARES, J. (org.). *Resiliência e educação*. São Paulo, Cortez, 2001.

Parabéns às escolas que educam a emoção

Parabéns às mais de oitocentas escolas que adotaram o programa Escola da Inteligência (ei). Elas descobriram que a ei é o primeiro programa mundial de gestão da emoção para crianças e adolescentes, além de ser o primeiro programa mundial de prevenção de transtornos emocionais e controle da ansiedade para alunos. É, ainda, o maior programa de educação socioemocional da atualidade em todo o planeta. São mais de 300 mil estudantes. Só no ano passado, 80 mil novos alunos entraram no programa no Brasil.

Temos o maior time de psicólogos e pedagogos especialistas em educação socioemocional do país. Eles, inclusive, já treinaram dezenas de milhares de pais e mais de 6 mil professores aplicadores nas regras de ouro para formar filhos e alunos brilhantes. Esses professores são profissionais da própria escola que, apoiados com riquíssimo material, dão uma aula por semana dentro da grade curricular.

Valores como ética e responsabilidade qualquer escola deveria ensinar. O programa ei vai muitíssimo além disso. O objetivo dele é que crianças e adolescentes aprendam a proteger a emoção, administrar a ansiedade, ter autocontrole, trabalhar perdas e frustrações, colocar-se no lugar dos outros, pensar antes de reagir, ser líder, libertar a criatividade, se reinventar no caos, ter resiliência (aumentar o limiar para suportar frustrações), empreender, ousar, ser autor da própria história. Além disso, melhora a oratória e a redação.

O doutor Augusto Cury idealizou o programa durante trinta anos. Agora, há diversos países querendo importá-lo. É o Brasil contribuindo com a humanidade! Além disso, estamos usando recursos do programa para aplicá-lo gratuitamente em orfanatos e nas escolas mais violentas do Brasil.

Os pais ficam encantados, os professores ficam fascinados e os alunos do Ensino Infantil ao Médio não veem a hora de chegar a aula do programa EI. PARABÉNS NOVAMENTE ÀS ESCOLAS QUE O ADOTARAM. Queridos pais: se vocês acham importante que seu filho participe do programa Escola da Inteligência, procurem uma escola que o adotou ou solicitem o mais rápido possível que o diretor da escola do seu filho o conheça. A qualidade de vida dele não pode esperar.

Para mais informações:
www.escoladainteligencia.com.br
Telefone: (16) 3602-9420
E-mail: comercial@escoladainteligencia.com.br

Nota relevante

O Instituto Augusto Cury, que promove cursos para crianças, adolescentes e adultos sobre qualidade de vida, prevenção de ansiedade, as habilidades socioemocionais para a excelência profissional, as regras de ouro para a formação das relações saudáveis, bem como matemática inteligente e outros, tem o prazer de anunciar que está aberta a temporada de franqueados. Se você sonha em ter uma carreira de sucesso e quer contribuir com uma sociedade mais saudável e inteligente, informe-se e candidate-se.
www.institutoaugustocury.com.br
contato@institutoaugustocury.com.br

Conheça algumas das unidades do Instituto Augusto Cury:

Recife (PE)
Rua Dhalia, nº 211
Bairro: Boa Viagem – CEP: 51.020-290

São Paulo (SP)
Shopping West Plaza – Francisco Matarazzo, s/nº – Bloco C / Piso 5
Bairro: Água Branca – CEP: 05.003-100

Natal (RN)
Rua Souza Pinto, nº 1.138
Bairro: Tirol – CEP: 59.022-260

Ribeirão Preto (SP)
Rua Itacolomi, nº 750
Bairro: Alto da Boa Vista – CEP: 14.025-250

Augusto Cury é psiquiatra, psicoterapeuta, cientista e escritor. Sua obra, composta de 50 livros, entre ficção e não ficção, está publicada em 70 países e vendeu mais de 30 milhões de exemplares somente no Brasil. Autor da Teoria da Inteligência Multifocal, que estuda as habilidades socioemocionais, a formação do Eu, os papéis da memória e a construção dos pensamentos. É um dos poucos pensadores vivos cuja teoria é objeto de estudo em cursos de pós-graduação mundo afora. Cury desenvolveu o programa Escola da Inteligência para ser introduzido na grade curricular, com enfoque na educação da emoção e da inteligência. Idealizou também a Escola Menthes que oferece cursos de coaching, qualidade de vida, relações humanas e desenvolvimento profissional. O endereço é www.menthes.com.br

Contatos com o autor:
facebook.com/augustocuryautor
www.escoladainteligencia.com.br
www.institutoaugustocury.com.br
twitter.com/augustocury
contato@augustocury.com.br